JN088822

［増補改訂版］　日英対訳

I Have a Dream!

世界を変えたキング牧師のスピーチ

Martin Luther King, Jr.
マーティン・ルーサー・キング・ジュニア

解説：山久瀬 洋二

IBCパブリッシング

Reprinted by arrangement with The Heirs to the Estate of
Martin Luther King Jr., c/o Writers House as agent for the
proprietor New York, NY.

cover photo: ZUMA Press/amanaimages

まえがき

　いま、50年前のマイルス・デイビスやジョン・コルトレーンといったジャズミュージシャンの演奏を聴いてみても、そこに何ら古くささを感じることはない。むしろ、斬新で、力強く、新たな発想さえも与えてくれる。

　あの黒人ミュージシャンが活動していたころ、アメリカは大きく揺れ動いていた。ジャズを奏でる人の多くは、アメリカに根強く残っていた黒人に対する偏見への怒りを強いビートやスウィングに変え、自らの文化を積極的にアピールしようとした。ある黒人のアスリートは、オリンピックで優勝したときに、拳を突き上げて星条旗に抗議しようとした。そして、巷ではデモ行進の渦が街をなめ、地元の警察や変革を嫌う人々との熱い衝突が頻発していた。

　しかし、当時のミュージシャンたちの残した演奏は、そのような時代そのものを越え、今なお我々を感動させる。

　それと同じように、キング牧師が訴えた一言一句は、今でもアメリカ社会に、そして世界への問いかけとして、新しく、鋭く、そして深い。

　現在、彼の問いかけの一つ一つは、法となり、常識となり、あらゆる公の場所、職場で守らなければならない掟へと進化した。

　さらに、その掟は、教義となって信奉されるのではなく、常にこれでもかというほどに検証され、改善され、変革され続けている。平等とは何かという永遠のテーマが追い求められ続けているのだ。

キング牧師は単に人々の平等を説いたのではなく、平等とは何かというテーマをどこまでも追求しようと、我々に永遠の課題を与えたのだ。そして、それは、あのジャズのアドリブのように常に新しくなければ意味がない。だから、我々は、I Have a Dream という演説を、自らの"Dream"に置き換えて、これからも問いかけていかなければならないのだ。

　キング牧師の演説は、世界で多様な背景を持つ人々と仕事をするビジネスマンにも、お年寄りの人権と常に対峙する介護施設に働く人々にも、街で外国から来た人をもてなすレストランに働く人々にも、子育てと自分のキャリアの狭間で悩む母親にも、日本でビジネスを育てようと懸命に頑張るアジアから来た人々にも——そう、ありとあらゆる人々に読んでもらい、考えてもらい、そして問いかけてもらいたいテーマである。

　だから、ここにスピーチの原文と、このスピーチがなされた背景の解説を1冊にまとめた。キング牧師の投げかけたテーマは、決してアメリカだけのテーマではない。キング牧師の生のスピーチを何度も繰り返し聴きながら、未来へ向けた人類共通の課題をみつけていただければ幸いである。

2013年　錦秋の那須高原にて
山久瀬　洋二

増補改訂版のためのまえがき
本書の使い方、そして本書が必要な理由

　本書は、単にキング牧師の有名な演説をバイリンガルで紹介する本ではありません。これから海外の人と交流したり、海外に駐在したりする人にとって、現地でいかに人を平等に扱うか、人とフランクにつきあうかという、ノウハウを磨くための書籍です。そしてこのテーマは、いま日本で、職場だけでなく社会全般で常に取り上げられていることはいうまでもありません。

　本書は、1963年にキング牧師が黒人への差別に抗議して行ったスピーチを紹介しながら、さらに現在その考え方がどのように受け継がれているかを理解していただくための書籍です。また、同時にキング牧師のスピーチが生まれたアメリカでの、自由と平等を求めてきた足跡も参考にして、この課題を歴史的な視点を踏まえながら、我々がどのように捉えてゆくべきかを示すことができるように編集しました。

　この書籍の中に登場する様々な英語表現や単語の一つひとつは、ニュースの中、大統領の演説、あるいは政治や教育の場でのディベートなどで使用されている、欧米の社会を理解する上で忘れてはならない常識です。英語を学習する方々はそのことを理解してほしいのです。

　もちろん、そこで語られている思想や常識は、今の日本でも知っておかなければならない、人と交流する上での基本的なマナーです。しかし、欧米ではこのことを法的にしっかりと裏打ちするために「公民権法」という法律を施行している国が多く、そのベースが、本書で紹介されているコンテンツなのです。

すなわち、海外の人と付き合い、仕事をするという実践の場に直結する常識として、本書をしっかりと理解していただくことが肝要です。そして、ここで紹介されている表現などを、そのまま職場での会話などで活用することで、より強いチームワークなどを蘇生することができるのです。

　本書は歴史書でもなく、単なる英語の学習書でもありません。あらゆる人との交流の場で即実践することが求められる知識と常識を学習し、真のグローバルな人材として活動するための基本図書なのです。

2024年　山久瀬　洋二

Contents

●音声の再生・ダウンロードについて●

　本書の音声ファイル（MP3形式）は、キング牧師による "I Have a Dream" の歴史的な演説のライブ音声から、全体の通しと、パートごとにトラックを分割したものの2種類をご用意しています。

　パート別の音声は、該当箇所のQRコードをスマートフォンなどで読み取って、再生・ダウンロードしてください。お気に入りのパートを繰り返し聴いていただくことができます。キング牧師になりきったつもりで音声に合わせて何度も音読することをおすすめします。キング牧師のパワフルな演説を、一言一句心に染みわたるまで繰り返せば、あなたの基礎英語力は飛躍的に高まっているでしょう。

　また、下記URLとQRコードから全体の通しファイルを一括でダウンロードすることができます。

https://ibcpub.co.jp/audio_dl/0802/

※ 一括ダウンロードしたファイルはZIP形式で圧縮されていますので、解凍ソフトが必要です。
※ ダウンロードした音声ファイルの再生には、iTunes（Apple Music）やWindows Media Playerなどのアプリケーションが必要です。
※ PCや端末、ソフトウェアの操作・再生方法については、編集部ではお答えできません。付属のマニュアルやインターネットの検索を利用するか、開発元にお問い合わせください。

古い音源につき、音質が悪く聴きづらい部分がございますが、何卒ご容赦ください。

I Have a Dream!

私には夢がある

Martin Luther King, Jr.

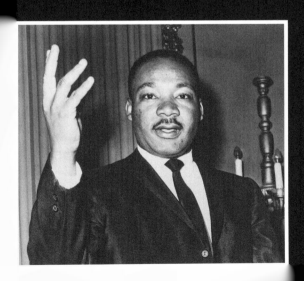

I am happy to join with you today in what will go down in history as the (1)greatest demonstration for freedom in the history of our nation.

(2)Five score years ago, a (3)great American, in whose symbolic shadow we stand today, signed the Emancipation Proclamation. This momentous decree came as a great beacon light of hope to millions of (4)Negro slaves who had been seared in the flames of withering injustice. It came as a joyous daybreak to end the long night of their captivity.

But one hundred years later, the Negro still is not free. One hundred years later, the life of the Negro is still sadly crippled by the (5)manacles of segregation and the chains of discrimination.

(1), (2) →see page 32   (3), (4), (5) → see page 33

私は、我が国の歴史において、自由のための最も偉大なデモンストレーションとして名を残すであろうこの場に、今日、こうして皆さんと共に立つことができることをうれしく思います。

　今から100年前に、今日、我々はその記念堂の前に立っているわけですが、偉大なるアメリカ人が、奴隷解放宣言に署名しました。この偉大な宣言は、燃えさかる不平等の炎に焼き焦がされてきた何百万人もの黒人奴隷にとって、希望へと誘（いざな）う大きな光でした。それは奴隷制度という長い夜の終わりを告げる歓喜の夜明けをもたらしました。

　しかし、あれから100年たったけれども、いまだに黒人は自由を手にしていないのです。100年たったけれども、いまだに黒人の生活は、差別の手枷（てかせ）と偏見の鎖によって、身動きできないままうちひしがれているのです。

One hundred years later, the Negro lives on a lonely island of poverty in the midst of a vast ocean of material prosperity. One hundred years later, the Negro is still languished in the corners of American society and finds himself an exile in his own land. And so we've come here today to dramatize a shameful condition.

In a sense we've come to our nation's capital to cash a check. When the architects of our republic wrote the ⁽⁶⁾magnificent words of the Constitution and the Declaration of Independence, they were signing a promissory note to which every American was to fall heir.

This note was a promise that all men, yes, black men as well as white men, would be guaranteed the ⁽⁷⁾"unalienable Rights" of "Life, Liberty and the pursuit of Happiness." It is obvious today that America has defaulted on this promissory note, insofar as her citizens of color are concerned. Instead of honoring this sacred obligation, America has given the Negro people a bad check,

(6) →see page 34   (7) → see page 35

100年たったけれども、黒人は物質的繁栄の大海に浮かぶ貧困の孤島に暮らしているのです。100年たったけれども、いまだに黒人はアメリカ社会の片隅で悩み苦しみ、祖国にいながらも流浪の民となっているのです。我々が今日この場に集まったのは、この赦されざる屈辱のありさまを広く世に訴えるためです。

　ある意味で、我々は、小切手を現金に換えるために、我々の国の首都に来ているのです。我々の共和国の創造者が、憲法と独立宣言を崇高なる言葉で書き記したとき、すべてのアメリカ人が相続することが出来る約束手形を切ったのです。

　この手形は、すべての人々に、そうです、白人だけではなく黒人にも、「生命・自由・幸福の追求」という「侵すことのできない権利」が保証されるという約束でした。有色の市民に関するかぎり、今日のアメリカがこの債務を不履行にしていることは、明白です。この神聖な義務を守るどころか、アメリカは黒人に不渡小切手を与えているのです。「残高不足」とマークされて戻ってきた小切手をです。

a check which has come back marked "insufficient funds."

07

(8)But we refuse to believe that the bank of justice is bankrupt. We refuse to believe that there are insufficient funds in the great vaults of opportunity of this nation. And so, we've come to cash this check, a check that will give us upon demand the riches of freedom and the security of justice.

08

We have also come to this hallowed spot to remind America of the fierce urgency of Now. This is no time to engage in the (9)luxury of cooling off or to take the tranquilizing drug of gradualism. (10)Now is the time to make real the promises of democracy. Now is the time to rise from the dark and desolate valley of segregation to the sunlit path of racial justice. Now is the time to lift our nation from the quicksands of racial injustice to the solid (11)rock of brotherhood. Now is the time to make justice a reality for all of God's children.

09

It would be fatal for the nation to overlook the

(8), (9) →see page 35　(10), (11) → see page 36

しかし、我々は、正義の銀行が破産してしまったなどと、信じることを拒否します。我々は、この国が持つ大金庫に機会という名の潤沢な資金がないなどと、信じることを拒否します。だから、我々はこの小切手、我々の要求に応じて自由という富と正義の保証を与えてくれる小切手を換金するためにやってきたのです。

　我々は、同時に、いまこれがいかに一刻を争う緊急な課題であるかをアメリカ国民に知らしめるために、この神聖な場所に来ているのです。冷却期間をおくなどという時間的余裕もなければ、漸進主義という精神安定剤を服するというような悠長な時ではないのです。今こそ、民主主義の約束を実現するときなのです。今こそ、暗く荒涼とした差別の谷から立ち上がり、人種平等の陽の当たる道に進んでゆくときなのです。今こそ、我々の国を、人種差別の流砂から、人類愛の揺るぎない巌へと引き上げるときなのです。今こそ、すべての神の民のために正義を実現するときなのです。

　現在の緊急性を認識しないならば、この国には破滅が来るで

urgency of the moment. ⁽¹²⁾This sweltering summer of the Negro's legitimate discontent will not pass until there is an invigorating autumn of freedom and equality. Nineteen sixty-three is not an end, but a beginning. And those who hope that the Negro needed to ⁽¹³⁾blow off steam and will now be content will have a rude awakening if the nation returns to business as usual. And there will be neither rest nor tranquility in America until the Negro is granted his citizenship rights. ⁽¹⁴⁾The whirlwinds of revolt will continue to shake the foundations of our nation until the bright day of justice emerges.

10

But there is something that I must say to my people, who stand on the warm threshold which leads into the palace of justice: ⁽¹⁵⁾In the process of gaining our rightful place, we must not be guilty of wrongful deeds. Let us not seek to satisfy our thirst for freedom by drinking from the cup of bitterness and hatred. We must forever conduct our struggle on the high plane of dignity and discipline. We must not allow our creative protest to degenerate into physical violence. Again and again, we must rise to

(12), (13) →see page 36   (14), (15) → see page 37

しょう。自由と平等が実を結ぶさわやかな秋が訪れないかぎり、黒人の正当な不満が渦巻く蒸し暑い夏は終わることがないでしょう。1963年は終わりではなく、始まりなのです。黒人には欲求不満のはけ口が必要だったが、そのうち収まり、何事もなかったようになると期待している人は、決してそうではないことに驚愕し、目覚めることになるでしょう。黒人に公民権が与えられるまで、アメリカには平静も安泰も訪れることはないのです。正義という輝ける夜明けが来るまで、反乱の嵐はこの国の土台を揺るがし続けるのです。

しかし、正義の宮殿の前の、すり減った敷居に佇む同胞に言わなければならないことがあります。我々の正当な立場を勝ち取る過程で、我々は不正な行為によって罪を犯してはなりません。恨みと憎悪の杯を口にすることで、自由への渇望を満たしてはなりません。尊厳と規律を遵守するという高い次元で、我々はいつの日も苦闘しなければなりません。この新しい社会創造のための抵抗を暴力沙汰に貶めることのないようにしなければなりません。何度もなんども、我々は魂の力で肉体の力を凌駕する、卓越した境地に自らを置かなければなりません。

the majestic heights of meeting physical force with soul force.

(16)The marvelous new militancy which has engulfed the Negro community must not lead us to a distrust of all white people, for many of our white brothers, as evidenced by their presence here today, have come to realize that their destiny is tied up with our destiny. And they have come to realize that their freedom is inextricably bound to our freedom.

(17)We cannot walk alone.

And as we walk, we must make the pledge that we shall always march ahead.

We cannot turn back.

There are those who are asking the devotees of civil rights, "When will you be (18)satisfied?" We can never be satisfied as long as the Negro is the victim of the unspeakable horrors of police brutality. We can never be satisfied as long as our bodies, heavy with

(16), (17), (18) → see page 38

黒人社会を包み込んでいる、この素晴らしい、新しい士気が、すべての白人に対する不信感となってはなりません。なぜなら、たくさんの白人市民が、今日ここに我々とともに集まってくれたことで明らかなように、白人も自らの運命が我々の運命と結びついていることを理解しているからです。そして、彼らの自由も我々の自由と切り離せないほど結びついていることを悟っているからです。

　我々は、一人で歩くことはできません。

　そして、我々が歩くときは、常に前進しつづけることを心に言い聞かせねばなりません。

　我々は引き返すことができないのです。

　公民権運動に献身する人に「あなた方はいつになったら満足するのでしょうか?」と尋ねる人がいます。我々は、黒人が警察の残虐行為という言葉では言い尽くせない恐怖の犠牲者であるかぎり、決して満足することはないのです。我々は、旅で疲労困憊した身体を引きずっていても、ハイウエー脇のモーテルや、

the fatigue of travel, cannot gain lodging in the motels of the highways and the hotels of the cities. We cannot be satisfied as long as the negro's basic mobility is from a smaller ghetto to a larger one. We can never be satisfied as long as our children are stripped of their self-hood and robbed of their dignity by signs stating: [19]"For Whites Only." We cannot be satisfied as long as a Negro in Mississippi cannot vote and a Negro in New York believes he has nothing for which to vote. No, no, we are not satisfied, and we will not be satisfied until [20]"justice rolls down like waters, and righteousness like a mighty stream."

I am not unmindful that some of you have come here out of great trials and tribulations. [21]Some of you have come fresh from narrow jail cells. And some of you have come from areas where your quest—quest for freedom left you battered by the storms of persecution and staggered by the winds of police brutality. You have been the veterans of creative suffering. Continue to work with the faith that unearned suffering is redemptive.

(19), (20), (21) → *see page 39*

街中のホテルで休息することができないかぎり、決して満足することはないのです。我々は、黒人がアメリカ社会で自由に動けるといえば、小さな貧民窟から大きな貧民窟へ移れるだけだという状況が変わらないかぎり、満足することはないのです。我々の子どもが「白人専用」の標識によって、その人格を否定され、その尊厳を奪われているかぎり、我々は決して満足することはないのです。ミシシッピ州の黒人が投票することができず、ニューヨーク州の黒人が投票しても何になるのかと感じる状態がつづくかぎり、我々は決して満足することはないのです。決して、我々は満たされてはいません。正義が水のようにいつも流れ、平等が清冽な大河になるまで、我々は決して満たされることはないのです。

　私は、あなた方の中には大変な試練と苦難をへてここに来た人々がいることを忘れていません。あなた方の中には、刑務所の狭い独房から出てきたばかりの人もいます。あなた方の中には、自由を求めたために迫害の嵐に見舞われ、警察の残虐行為の暴風によろめくままにされている地域から来た人もいます。あなた方は創造のための苦しみの経験者なのです。不当な苦しみは購(あがな)われると信じて闘いつづけてください。

15 Go back to Mississippi, go back to Alabama, go back to South Carolina, go back to Georgia, go back to Louisiana, (22)go back to the slums and ghettos of our northern cities, knowing that somehow this situation can and will be changed.

16 Let us not wallow in the valley of despair, I say to you today, my friends.

And so even though we face the difficulties of today and tomorrow, I still have a dream. It is a dream deeply rooted in the American dream.

(23)I have a dream that one day this nation will rise up and live out the true meaning of its creed: "We hold these truths to be self-evident, that all men are created equal."

I have a dream that one day on (24)the red hills of Georgia, the sons of former slaves and the sons of former slave owners will be able to sit down together at the table of brotherhood.

(22) →see page 39   (23), (24) → see page 40

戻ろうミシシッピ州へ、戻ろうアラバマ州へ、戻ろうサウスカロライナ州へ、戻ろうジョージア州へ、戻ろうルイジアナ州へ、戻ろう北部の街のスラムやゲットーに。この状況は変えることが出来るのだ、この状況は変わるのだ、と信じて戻るのです。

　絶望の谷を彷徨（さまよ）うのはもうやめましょう。同胞たちよ、今日私は皆さんに言っておきたい。

　たとえ我々は、今日や明日に困難に直面することがあろうとも、それでもなお私には夢がある、と。その夢はアメリカン・ドリームに深く根ざしているのです。

　私には夢がある。いつの日か、この国が立ち上がり、「すべての人間は平等である」というこの国の信条を真の意味で実現させるという夢が。

　私には夢がある。ジョージアの赤土の丘の上で、かつての奴隷の子孫とかつての奴隷所有者の子孫が同胞として同じテーブルにつく日が来るという夢が。

I have a dream that one day even [(25)]the state of Mississippi, a state sweltering with the heat of injustice, sweltering with the heat of oppression, will be transformed into an oasis of freedom and justice.

[(26)]I have a dream that my four little children will one day live in a nation where they will not be judged by the color of their skin but by the content of their character.

I have a *dream* today!

[(27)]I have a dream that one day, down in Alabama, with its vicious racists, with its governor having his lips dripping with the words of "interposition" and "nullification"—one day right there in Alabama little black boys and black girls will be able to join hands with little white boys and white girls as sisters and brothers.

I have a *dream* today!

(25), (26) →see page 40   (27) → see page 41

私には夢がある。差別と抑圧の熱に苦しむミシシッピ州でさえ、自由と正義のオアシスに生まれ変わる日が来るという夢が。

　私には夢がある。私の４人の幼い子どもたちが、いつの日か肌の色ではなく人格によって判断される国に住むようになるという夢が。

　私には、今、夢がある！

　私には夢がある。いつの日か、人種差別主義者や州知事が連邦政府の干渉排除主義を唱え、連邦法の実施を拒否しているアラバマ州においてさえ、——いつの日か、まさにこのアラバマで、幼い黒人の少年少女たちが、幼い白人の少年少女たちと兄弟姉妹として手に手を取ることができるようになるという夢が。

　私には、今、夢がある！

　私には夢がある、いつの日にか、すべての谷は埋め立てられ、

I have a dream that one day every valley shall be exalted, and every hill and mountain shall be made low, the rough places will be made plain, and the crooked places will be made straight; "and [28]the glory of the Lord shall be revealed and all flesh shall see it together."

This is our hope, and this is the faith that I go back to the South with.

With this faith, we will be able to hew out of the mountain of despair a stone of hope. With this faith, we will be able to transform the jangling discords of our nation into a [29]beautiful symphony of brotherhood. With this faith, we will be able to work together, to pray together, to struggle together, to go to jail together, to stand up for freedom together, knowing that we will be free one day.

And this will be the day—this will be the day when all of God's children will be able to sing with new meaning:

(28), (29) → see page 41

私には夢がある、いつの日にか、すべての谷は埋め立てられ、すべての丘や山は低くなり、険しい地は平野となり、歪んだ地もまっすぐになる日が来ると。「そして、神の栄光が現われ、すべての人々がその栄光を共に見るだろう」

　これが我々の希望なのです。この信念をもって、私は南部へ戻ります。

　この信念をもってすれば、我々は絶望の山からも希望の石を切り出すことができるでしょう。この信念をもってすれば、我々は祖国にうずまく不協和音を人類愛のすばらしい交響曲に昇華することができるでしょう。この信念をもってすれば、我々は共に働き、共に祈り、共に闘い、共に投獄され、共に自由のために立ちあがることができるでしょう。そして、いつの日か自由になるのです。

　そしてその日が来れば、その日が来れば神の民はみなおしなべて、新しい意味をこめて唄うことができるでしょう。

20

(30)*My country 'tis of thee, sweet land of liberty,*
of thee I sing.
Land where my fathers died, land of the
Pilgrim's pride,
From every mountainside, let freedom ring!

21

And if America is to be a great nation, this must become true.

And so let freedom ring from the prodigious hilltops of New Hampshire.

Let freedom ring from the mighty mountains of New York.

Let freedom ring from the heightening Alleghenies of Pennsylvania.

Let freedom ring from the snow-capped Rockies of Colorado.

Let freedom ring from the curvaceous slopes of California.

(30) → see page 41

我が祖国よ、美しい自由の国をたたえ私は歌う。

　父が骨を埋めた国、開拓者の誇りとする国。

　すべての山々から、自由よ鳴り響け！

そして、アメリカが偉大な国となるためには、これが実現されなければならないのです。

　だから、自由の鐘を鳴らそう、ニューハンプシャーの山々の偉大ないただきから。

　自由の鐘を鳴らそう、ニューヨークの悠々しき山々から。

　自由の鐘を鳴らそう、ペンシルベニアにそそり立つアレゲーニーの山から。

　自由の鐘を鳴らそう、冠雪したコロラドのロッキー山脈から。

　自由の鐘を鳴らそう、カリフォルニアのなだらかな山々から。

22

But not only that:

Let freedom ring from Stone Mountain of Georgia.

Let freedom ring from Lookout Mountain of Tennessee.

Let freedom ring from every hill and molehill of Mississippi.

From every mountainside, let freedom ring.

23

And when this happens, and when we allow freedom ring, when we let it ring from every village and every hamlet, from every state and every city, we will be able to speed up that day when *all* of God's children, [31]black men and white men, Jews and Gentiles, Protestants and Catholics, will be able to join hands and sing in the words of the old Negro spiritual:

24

> *Free at last! Free at last!*
> *Thank God Almighty, we are free at last!*

(31) → *see page 42*

それだけではありません。

　自由の鐘を鳴らそう、ジョージアのストーンマウンテンから。

　自由の鐘を鳴らそう、テネシーのルックアウトマウンテンから。

　自由の鐘を鳴らそう、ミシシッピのすべての丘やほんの小さな塚から。

　すべての山々から、自由よ鳴り響け。

　そうすれば、我々が自由の鐘を鳴り響かせば、すべての村、すべての集落から、すべての州、すべての街から、自由の鐘を鳴らせば、すべての神の民が、黒人も白人も、ユダヤ人も非ユダヤ人も、プロテスタントもカトリックも、すべての人々が手に手を取って、あの古い黒人霊歌を共に歌える日が、早くやってくるのです

　やっと、やっと自由になれたのだ！
　全能の神に感謝しよう。やっと自由になれたことを！

Words and Phrases

"*I Have a Dream*" を読み解く鍵

p.10 (1) greatest demonstration for freedom in the history of our nation

1963年8月28日、アメリカ合衆国の首都ワシントンDCで、人種差別撤廃を求めて行われたデモのこと。このデモ行進をワシントン大行進 *The Great March on Washington* といい、そこで行われたキング牧師の演説 "I Have a Dream" は、世界中の人々に感動を与えたのです。

1963年8月28日、
ワシントン大行進でのキング牧師
Civil Rights March on
Washington, D.C.

(2) Five score years ago

演説ならではの格調ある表現で、100年前のことをこのように語っています。scoreは20年を意味します。ここで語られているのは、具体的には1862年9月22日に発布された奴隷解放宣言 *Emancipation Proclamation* のことです。これは、南北戦争の最中に軍を統帥したエイブラハム・リンカーン大統領による宣言で、実際にここで語られていることが法的に効力を有するのは、南北戦争の後1865年に合衆国憲法修正13条が制定された以降のことでした。

(3) **great American**

　　エイブラハム・リンカーンのこと。キング牧師の演説は、奴隷の解放を宣言して南北戦争を戦った第16代大統領エイブラハム・リンカーンを讃えるリンカーン記念館 *Lincoln Memorial* の前で行われました。

　　奴隷解放宣言には、全ての奴隷が解放され、労働に対して妥当な賃金が支払われるべきだと記しています。しかし、ここでは解放された人々の市民としての権利の保証や、差別の撤廃についての記載はありません。その時点からキング牧師などが訴え進める公民権運動に至るまで、まさに100年に及ぶ人々の戦いがはじまるのです。

(4) **Negro slaves**

　　黒人奴隷のこと。Negro とは20世紀後半まで黒人を指すときに一般的に使われていた言葉です。しかし、その後この言葉が人種差別のあった時代を象徴する言葉として問題視され、今では公の場で使われることはなくなりました。

　　また、Blacks（黒人）という表現も同様の理由で使用を控えるようになり、現在ではアフリカ系アメリカ人 *African American* という言い方が一般的になっています。ところで、黒人系の人々の中には、時には Black という表現を自らのアイデンティティを象徴する言葉として積極的に使う人もいます。彼らのそうした複雑な意識は、今もアメリカ社会の中に根強くある偏見へのアンチテーゼであるともいえそうです。

(5) **manacles of segregation and the chains of discrimination**

　　manacle とは手錠や手かせを意味する言葉です。chain はもちろん鎖のことで、ここでは人を繋ぐ鎖ということで、ちょうど奴隷を手かせや鎖で拘束していた時代のことをイメージして使われたのではないかと思われます。

　　ここでぜひ知っておいてほしいのは、一対で使用されている

segregationとdiscriminationという言葉です。

　1960年代以前、アメリカ南部を中心に黒人と同じ社会に住むことを嫌った人々が、白人系の人と黒人系の人との生活の場を住み分けるような制度を造っていました。例えば公の場での椅子や水道の蛇口、公共交通の中の座席など、黒人専用の場所にはcoloredという表示が記されていました。

　この黒人と白人とを分けることがsegregation（隔離、分離）で、その方針がまさに黒人への差別、つまりdiscriminationを象徴していたのです。

　実は、このsegregationは同じく過去に黒人が差別されていたことで知られる南アフリカ共和国などでも見受けられ、南アフリカでのsegregationの政策のことをアパルトヘイト*apartheid*と呼んでいました。

　そして、アメリカ南部では、ジム・クロウ法*Jim Crow law*（p.54「黒人差別はアメリカ社会や文化にどんな影響を与えたのですか？」を参照）という一連の法律によって、segregationが公然と行われていたのです。

　この文章の後、今なおアメリカでは、このsegregationによって黒人の人々が苦しんでいることを、例えばNegro lives on a lonely island of poverty in the midst of a vast ocean of material prosperityなどという表現で、キング牧師は訴えているのです。

p.12（6） ## magnificent words of the Constitution and the Declaration of Independence

　憲法や独立宣言に書かれているすばらしい言葉とは、まず独立宣言で全ての人は平等に創造されているという一文（p.44「I have a Dreamの演説に独立宣言の引用があるのはなぜですか？」を参照）を指しています。そして、南北戦争のあと奴隷が解放されると、合衆国憲法に修正14条、15条という二つの条文（p.52「南北戦争のあと、奴隷だった人々に公民権は付与されなかったのですか？」を参照）が付加されたことを意味しています。

(7) "unalienable Rights" of "Life, Liberty and the pursuit of Happiness."

アメリカの独立宣言の有名な一節からの引用です。なぜキング牧師がここで語ったかは、p.44「I have a Dreamの演説に独立宣言の引用があるのはなぜですか?」のコラムを参照ください。この文章の中のunalienableという言葉は、奪うことのできないという意味の単語です。すなわち、公民権運動が展開されるまで、黒人系の人々はここに記された権利を「奪われていた」ことになり、それがまだ履行されていないということで、その下に書かれている約束手形 promissory note が、不払い insufficient fund になっているのだとキング牧師は訴えているのです。

p.14 (8) But we refuse to believe that the bank of justice is bankrupt.

上記と同様に、この正義の銀行、つまり独立宣言で誓約された正義という銀行が破産することありえないとキング牧師は訴えます。破産を拒絶するということから、独立宣言で約束されたことはちゃんと守られるべきであると説いているのです。

(9) luxury of cooling off or to take the tranquilizing drug of gradualism

「激情を冷やす贅沢や、斬新主義という薬を飲むこと」という意味ですが、これは今、黒人系の人々に対して行われている「差別」を解消しなければならないことが急務であることを示しています。すなわち、差別の問題は、時とともにゆっくりと解決してゆくべき問題ではないのだということを強調するためにこの表現を使っているのです。cool offは「冷やす」(気持ちを静める)などの意味があり、ここでは「感情や緊張を冷やす」という意味で使われています。また、tranquilizingとは、精神安定剤によって怒りや不安を抑えることを意味しています。

(10) **Now is the time**

　　これは、今こそはという意味ですが、キング牧師はここでNow is the time を何度も使用し演説を盛り上げています。この演説でキング牧師は、I have a dream と何度も繰り返しているように、言葉や表現を常に反復しながら盛り上げてゆく手法をとっています。

(11) **rock of brotherhood**

　　「岩のように強固な兄弟の絆」という表現は、よく黒人系の人々が団結するときに使用され、黒人が黒人のことをbrotherと呼んで絆を深めています。しかし、ここでキング牧師が説いているのは、独立宣言の精神に従って、黒人系の人々にも平等の権利が与えられ、白人系の人たちと真の兄弟愛で結ばれるようにという意味でこの表現を使用していることに注目しましょう。

p.16 (12) **This sweltering summer of the Negro's legitimate discontent**

　　キング牧師は、「この黒人が抱く当然の不満という蒸し暑い夏」という言葉で、不平等に苦しむ黒人の気持ちを代弁していますが、皮肉なことに、公民権法が成立した直後から数年間、貧困に苦しむ黒人系の人々により「公民権は名ばかり」という強い抗議のデモが頻発します。そしてそれは全米各地で暴動に発展したことから、それを「長い暑い夏」と人々は表現しました。

(13) **blow off steam**

　　鬱憤を晴らすという意味。黒人系の人々が単に鬱憤を晴らしているのだと思っている人に、キング牧師は警鐘を鳴らします。実際に、公民権法が成立したあとも、黒人系の人々には白人社会への根強い不信感が残ります。それが、現在でも時々暴動などにつながることがあるのです（p.61「公民権法が成立して、黒人系の人々は満足したのですか？」を参照）。

(14) **The whirlwinds of revolt will continue to shake the foundations of our nation until the bright day of justice emerges.**

「正義がしっかりと履行される明るい日がくるまで、国を揺るがす反乱の嵐は止むことはないでしょう」とキング牧師は訴えますが、実はこうしたスピーチの背景にある独立宣言に記された大切な一文を忘れてはなりません。

That whenever any Form of Government becomes destructive of these ends, it is the Right of the People to alter or to abolish it,
(もし、どのような政府であってもこの目的を破壊しようとするならば、その時は人々はその政府を変えるか廃止する権利を有するのである)

この一文があることから、アメリカの独立は革命であると歴史家は解釈します。つまり政府が国民の権利を無視するときは、その政府を転覆させることが独立宣言で人々の権利として言明されているのです。この権利のことを革命権といいます。

黒人系の人に対する抑圧は、まさにこうした発想を黒人系の人々に与えます。しかし、そこにキング牧師は敢えて「暴力には暴力を」という考えを否定することで、制度は変えながらも社会の「真の融和」を目指してゆこうとするのです。

(15) **In the process of gaining our rightful place, we must not be guilty of wrongful deeds.**

この一文と、その後に続くスピーチが、キング牧師が白人系の人々をも含む広範な支持を受けた理由になります。「正義を獲得する所に至るとき、我々は誤った行動をしてはいけない」と説くことから、黒人系の人々への差別に対して、憎しみを持って、暴力によって立ち上がるのではなく、精神的な高みをもってそれに当たらなければならないと、彼は繰り返します。Let us not seek to satisfy our thirst for freedom by drinking from the cup of bitterness and hatred.（自由への乾きを満たすにあたって、憎し

みや嫌悪という液体をコップにいれて飲み干そうとすることはやめましょう）という風に。

p.18（16）**The marvelous new militancy which has engulfed the Negro community must not lead us to a distrust of all white people, for many of our white brothers,**

　ここにある militancy とは闘争する意思を意味しています。すなわち、「黒人社会を包み込む *engulf* 断固たる闘争の意思」をキング牧師は素晴らしい *marvelous* と賞賛しますが、それが全ての白人への不信感へとつながってはならないと彼は説くのです。その意味から、我々と共に闘ってくれる多くの白人のことを「white brothers」と表現しているのです。

（17）**We cannot walk alone.**

　つまり、黒人系の人々だけではなく、アメリカに住む広範な人々と共に闘いを続けてゆこうとキング牧師は何度も強調しています。

（18）**satisfied**

　「満足する」というこの言葉をここから何度も使用して、黒人が差別されている様々な事例を挙げ、それが解消されるまでは我々は決して満足しないと、キング牧師は強く訴えます。

　その中に、We can never be satisfied as long as the Negro is the victim of the unspeakable horrors of police brutality. というのがありますが、当時公民権運動を展開するデモ隊に、治安維持という名目で警察隊が放水などの強硬手段で対抗したケースがあちこちでありました。キング牧師はそうした事例を念頭において抗議をしているわけです。また、この警察官と貧困に苦しむ黒人系の人々との対立は現在に至るまでアメリカ社会を悩ませています。1990 年におきたロサンゼルス暴動の原因も警察官が黒人に暴力をふるったことに起因しています。

p.20（19） **"For Whites Only."**

　　この「白人専用」というステッカーは当時南部のあちこちで見かけることができました（p.56「公民権運動はいつ頃から活発になったのですか？」参照）。黒人系の人々と白人系の人々とを分離して、白人系の人々の特権を守ろうという意識のもとで、例えば黒人専用のトイレや水道などがあり、もちろんその施設は白人専用のものと比較すればお粗末でした。

　　こうした分離運動が、segregationとなるのです。

"Colored" drinking fountain from mid-20th century with african-american drinking in streetcar terminal, Oklahoma City, Oklahoma
20世紀半ばに、オクラホマ市の市街電車ターミナルにあった"黒人専用"の水飲み場

（20）**justice rolls down like waters, and righteousness like a mighty stream**

　　旧約聖書のアモス書5-24からの引用

（21）**Some of you have come fresh from narrow jail cells.**

　　この演説をする4ヵ月前の1963年4月に、アラバマ州バーミンガムでの差別に対する抗議行動の折、キング牧師自身同市の警察に逮捕され、拘留されたことがありました。多くの活動家が同様に拘束されたことがあり、そのことをキング牧師は意識していたのかもしれません。

p.22（22） **go back to the slums and ghettos of our northern cities**

　　北部の都市のスラム *slum* やゲットー *ghetto* とは、例えばニューヨークのハーレムなど黒人系の人々が居住し、他の人々からは貧

しく危険な場所とされている地域を指しています。ゲットーとは
元々ユダヤ人が強制的に集められ押し込められた地区のことを
指す言葉でした。

(23) I have a dream that one day this nation will rise
up and live out the true meaning of its creed: "We
hold these truths to be self-evident, that all men are
created equal."

　　この一節から、この演説を世界中に響かせた I Have a Dream、
つまりキング牧師が夢見る理想が語られます。そして最初に引用
されている言葉こそが、独立宣言に記されたアメリカ人なら誰も
が知っている一節となっています。

(24) the red hills of Georgia

　　ジョージア州の南部一帯の地域のこと。この一帯は南北戦争の
頃まで綿花のプランテーションが広がり、そこで多くの黒人奴隷
が使役されていたことで知られています。

p.24 (25) the state of Mississippi, a state sweltering with the
heat of injustice

　　ミシシッピ州は南部にあって最も保守的とされる地域で、いわ
ゆる深南部 Deep South の代名詞とされてきました。古くから黒人
を差別してきたこの州をモデルにして、公民権に関する様々な映
画も制作されています。

(26) I have a dream that my four little children will one
day live in a nation where they will not be judged
by the color of their skin but by the content of their
character.

　　この発想が、公民権法の第7編に具現化されます。人を肌の違
いではなく、その中身 contents で評価するということは、公民権法
の中でも最も重要な概念で、それは職場では雇用機会均等 Equal

Employment Opportunity（p. 70「ビジネスで特に注意したい Equal Employment Opportunity の概念」参照）という考え方へとつながってゆくのです。

(27) **I have a dream that one day, down in Alabama, with its vicious racists, with its governor having his lips dripping with the words of "interposition" and "nullification"**

　　ここに語られているアラバマ州の州知事とは、人種隔離政策を強硬に主張し、南部で絶大な支持を得ていた州知事ジョージ・ウォレス *George Wallace* のこと。彼は自らの主張との違いから民主党を離党し、1968年には極めて保守色の強いアメリカ独立党を結党します。ただ、晩年には自らの差別的な政策を反省し、黒人系の人々に謝罪しています。

p.26 (28) **the glory of the Lord shall be revealed and all flesh shall see it together**

　　旧約聖書イザヤ書からの引用

(29) **beautiful symphony of brotherhood**

　　ここでいう brotherhood とは、人類が皆兄弟のように同胞となることを意味しています。キング牧師の説く博愛主義です。

p.28 (30) **My country 'tis of thee, sweet land of liberty, of thee I sing. Land where my fathers died, land of the Pilgrim's pride, From every mountainside, let freedom ring!**

　　これは、「我が祖国」と翻訳される愛国歌で、メロディはイギリス国歌と同じもの。「星条旗よ永遠なり」が正式に国歌となるまで、国歌の代わりに唄われたこともある歌を、キング牧師は引用します。

p.30(31) **black men and white men, Jews and Gentiles, Protestants and Catholics, will be able to join hands and sing in the words of the old Negro spiritual**

　演説の締めくくりで、キング牧師は再び、黒人だけの闘争ではなく、全ての人が和解し、平等となる闘いを続けていこうと、このような様々な宗派の名前を呼んで訴えています。Gentilesとはユダヤ人からみてユダヤ教徒でない人を意味する言葉です。また、伝統的に対立していたプロテスタントとカトリックの融和もここで説いています。最後に記されたNegro spiritualとは黒人霊歌のことです。

President Lyndon B. Johnson signs the 1964 Civil Rignts Act as Martin Luther King, Jr., and others, look on.
1964年7月2日、キング牧師などが見守る中、公民権法に署名するリンドン・B・ジョンソン大統領

キング牧師の演説を
読むにあたって

山久瀬洋二

White House Meeting with Civil Rignts Leaders, June 22, 1963
1963年6月22日、公民権運動の指導者たちによるホワイトハウス会議

第一話　公民権を理解しよう

 **I Have a Dream の演説に独立宣言の引用があるのはなぜ
ですか？**

　キング牧師の演説は、単に黒人の権利の向上を求めた演説ではあり
ません。それは、アメリカの原点を見つめ、将来のあるべき姿を問い
かけ、現在もなお試行錯誤の続くアメリカ社会の進化の道標となる演
説です。

　その問いかけとは、1776年に記されたアメリカの独立宣言の理想
を人々がしっかりと追求し、これからもその精神を社会に還元してゆ
けるのかというものなのです。

　すなわち、キング牧師の演説を理解するには、独立宣言の中に記さ
れている次の文言をしっかりと踏まえておく必要があります。特に宣
言の中の以下の文章は、キング牧師の演説を理解するだけではなく、
アメリカの歴史や社会、さらには、現在の職場やビジネスでのマネー
ジメントスキルなどにも影響を与えている、アメリカ社会で活動する
上での大切なバリューなのです。

> *We hold these truths to be self-evident, that all men are
> created equal, that they are endowed by their Creator with
> certain unalienable Rights, that among these are Life,
> Liberty and the pursuit of Happiness.*

> 我々は、以下の事実を自明の理念として信じています。すなわち、すべての人間は生まれながらにして平等であり、それは創造主によって不可侵の権利として我々に与えられているということを。それらは生命、自由、および幸福の追求をする権利なのです
>
> （全文はp.104以降を参照）

日本でいえば江戸時代中期のこと。アメリカでイギリスから不当に課せられた税金に対して立ち上がった人々が掲げたのがこの独立宣言でした。

キング牧師は、self-evident、つまり「自明の理」とされる「人々は生まれながらに平等であるという」という理念が守られていないではないか、と訴えているのです。

all men are created equalという一文は、今でもアメリカで政治家など様々な人が最も頻繁に引用する一言で、この原理に従って法が制定され、社会が運営され、ビジネスがマネージされています。なぜならば、この一言こそがアメリカがなぜイギリスから独立したかという、国家の原点を示す一文だからなのです。

独立宣言ですべての人の平等が保証されたのではないのですか？

独立宣言のall men are created equalという一節はあまりにも有名です。

しかし、この文章が記されたときに規定されているall menとは今我々が考えている「すべての人」ではないのです。

ここでall menと書かれているのは、「アメリカに住む白人で資産を持った男性」を意味し、彼らがイギリス本国の国民と平等に扱われなかったことが問題となったのです。

実際、独立戦争当時、それ以外の人の平等についてはあまり配慮されませんでした。なによりも、当時の社会にはアフリカから強制的につれてこられた奴隷も多数いたのです。

　黒人や他の移民のみならず、例えばアメリカで女性に参政権が保証され、憲法に明文化されたのは、1920年のことです。このことからもお分かりのように、その後本当にall menが平等に扱われるようになるには長い道のりが必要だったのです。

そもそも公民権とは何でしょう。そして公民権運動とは？

　公民権は英語でCivil Rightsといいます。この言葉の意味する通り公民権は市民（国民）の権利を意味する言葉です。

　すでに何度か触れたように、独立宣言にはすべての人は平等に創造されている（all men are created equal）という一文があり、その精神が憲法でも保証されています。すなわち、アメリカでは、職場や公の場所などですべての人は平等に扱われなければならず、差別が行われてはならないという規定、そして常識があるのです。

　そしてこれがアメリカの市民、すなわち「公民」の基本的な権利として保証されているわけです。その権利を公民権といいます。

　黒人系の人々やアメリカン・インディアン（Native American）、カリブ系やアジアからの移民など、アメリカに居住する人々すべてがその恩恵にあずかるべきだという主張によって、元々アメリカ社会に圧倒的な影響力のあった白人系の人々と同様に、彼らにも公民権が保証されなければならないという主旨に従った運動が、公民権運動だったのです。

なぜアメリカには差別があり、今も問題となっているのですか？

　差別はアメリカだけではなく、世界中にある社会問題であることをまず知っておきましょう。

　そうした中で、アメリカで他の地域以上に差別という問題がクローズアップされてきた理由があるのです。それはアメリカが移民社会によって成り立つ国だからです。

　ネイティブ・アメリカン、すなわちアメリカン・インディアンを除くすべての人は、なんらかの理由で海を渡って新大陸に来た人々です。

　最初に最も多く渡ってきたのは、プロテスタント系の人々で、オランダやイギリスから移住してきました。彼らの多くは故国での宗教的な迫害を逃れ、新大陸にやってきて、東海岸一帯を開墾します。

　そこにさらにヨーロッパから多くの移民が流れてきます。彼らも貧困や迫害を逃れ新大陸で人生を再設計しようとします。

　この、昔からの移民と、新しい移民との間の既得権を巡る確執が、アメリカでの差別の原点となりました。

　代表的なのが、アイルランド系移民への差別です。彼らはカトリック系で、元々移民してきた人とは同じキリスト教徒でも信仰が異なります。彼らは19世紀に故国の飢饉や当時宗主国であったイギリスからの抑圧を逃れて、アメリカに渡ってきます。そして都市部を中心にどんどん進出します。この新たな移民に対して、元々そこで暮らしていたプロテスタント系の人々が脅威を感じ、雇用やビジネス上など、様々な場面でアイルランド系の人々は差別に見舞われたのです。

　ニューヨークなどでは、こうした移民の対立が暴動へと発展したこともありました。

そして、その後南北戦争によって権利を得た黒人系の人々への反発から、彼らに対する差別が顕著になります。

　皮肉なことに、東海岸一帯では、軋轢（あつれき）に揉まれながらも次第に社会に進出してきたアイルランド系の移民と黒人系の人々との確執も深刻な問題になったのです。

　また、入植者が西部へと拡散するに及んで、ネイティブ・アメリカンとの抗争から彼らへの社会的な差別も問題となりました。19世紀後半のことです。

　そして、19世紀終盤から20世紀初頭にかけて、黒人系の人々への根深い差別に加え、新たに東欧からのユダヤ系の人々や、イタリア系移民に対しても、それ以前の移民グループとの間の確執から差別が横行したことも事実でした。

　もちろん、アジア系の移民も例外ではありません。アメリカの大陸横断鉄道は、その一部は中国南部からの移民の安価な労働力に頼って建設が進められます。風俗習慣の異なる彼ら、そして日本からの日系移民などへの偏見は特に西海岸一帯で顕著でした。

　第二次世界大戦中に、敵になった日本からの移民ということで、日系移民の人々が強制収容所に入れられたことは、アメリカ政府の大きな過ちであったとして、後年政府が正式に謝罪したことは記憶に新しい出来事です。

　このように、移民社会のアメリカでは、常に新しい移民、あるいは競い合う移民同士の葛藤や対立が差別という深刻な社会問題をおこしているのです。多かれ少なかれ、新参の移民は様々な苦労の末に、こうした社会的な軋轢を乗り越えて、アメリカ社会に同化していったのです。

　しかし、そうした対立を乗り越えて、より公平な社会を造ってゆこ

うとする中に、アメリカの逞しさがあるのも事実です。

それだけに、アメリカでの差別問題は、他の国家に比べてクローズアップされやすく、常に目に見える形で議論されてきたのだということも、理解する必要があるのです。

従って公民権を巡る運動も、単に黒人系の人々だけに向けられたものではなく、こうした移民によって構成されるアメリカ人一人ひとりの権利をしっかりと守ってゆこうという活動だということを、しっかり意識しておく必要があるのです。

アメリカはなぜ独立したのですか。そのことと独立宣言との関係は？

アメリカが独立戦争をおこし、イギリスから分離独立した原因は、当時のアメリカ市民がイギリス本国の人々と同様に取り扱われなかったことでした。

アメリカ東海岸には元々イギリスからの入植者が多く、イギリス本国は彼らとの交易を促進するために、軍事力も増強していました。

一方、カナダの東海岸一帯からアメリカの内陸部にかけては、ヨーロッパでのイギリスのライバルであるフランスが大きな影響力を持っていました。そしてイギリスもフランスも、現地に古くから居住していたネイティブ・アメリカンを利用しながら、その権益の拡大に必死だったのです。そしてついにその両者が衝突します。

イギリスとフランスは1755年から63年まで、フレンチ・インディアン戦争という戦争を起こし、カナダからアメリカ東部全域で激しい戦闘を繰り広げたのです。戦争が終結し、イギリスとフランスの新大陸での領土が確定したあと、イギリス本国が戦争で疲弊した国家財政

の立て直しのために、植民地に課税しようとします。その方針に、実際の戦場となった東海岸一帯の人々が強く反発したのでした。

この反発の原因は、イギリス本国に議員を送ることを許されていない人々に不当に税金が課せられることは平等ではないというもので、その考え方が独立宣言に盛り込まれていったのです。

アメリカの独立時、奴隷制度はどのような状況だったのですか？

独立戦争の時代にはアメリカ南部だけではなく、北部にも奴隷制度が存続していました。

例えば、ニューヨーク州で奴隷制度が廃止されたのは1799年のことで、独立戦争以前には不当な扱いを受けた黒人奴隷の反乱に対して火刑などの残忍な刑が執行された記録が残っています。

北部の州で奴隷制度がなくなったのは19世紀にはいってからのこと。こうした奴隷制度の存続の背景には、ヨーロッパ列強の間に奴隷交易が横行していたこともあげられます。

例えばイギリスが奴隷貿易を違法としたのは1807年のことで、それまではイギリスの商船によっても奴隷がアメリカに運び込まれていたのです。

アメリカでは奴隷解放の論議は独立戦争の頃からおきていましたが、それが活発になったのは19世紀前半のことでした。

アフリカ西海岸にリベリアという国があります。そこはその当時アメリカで解放された元黒人奴隷の入植によって設立された国として知られています。

しかし、国家レベルで奴隷制度が廃止されたのは、南北戦争の終結

によって、奴隷制度の存続を主張する南部の独立が阻止されたとき
だったのです。

アメリカでの奴隷はどのような取り扱いを受けていたのですか？

奴隷とは人権を持たず、売り買いされる人のことです。彼らは一度
買い主に所有されると、その買い主の所有物として買い主の利益のた
めに無償で労働に従事しなければなりません。

奴隷同士が結婚して子供が産まれれば、その子供は買い主の所有物
です。また、結婚といってもカップルになった男女をカップルとして
認めたわけではなく、子供もカップルを構成する男女も、必要によっ
ては引き裂かれ、買い主が他の人に売り渡すことも自由にできまし
た。

奴隷を不当に酷使し奴隷が衰弱したり、逃亡した場合は、買い主の
判断で体罰を加えたり、ひどい場合は殺害されることもありました。

南部で彼らが重宝されたのは、南部で当時行われていた綿花などを
中心とする広大な農業経営、すなわちプランテーション経営のためで
した。特に19世紀にはいって、北部の工業化が進み、南部からの綿
花や農産物の供給が増えるにつれ、よりいっそう農場主は奴隷の労働
力に依存するようになりました。

一度買い取った奴隷を、広い農場で使役すれば、季節労働者を雇用
するよりははるかに安価に経営ができ、労働争議なども回避できま
す。また、奴隷が子供を産めば、使役する人口も増加し、プランテー
ション経営にとってはプラスです。

また、内陸の開拓が進むにつれ、使役する奴隷を内陸のプランテー

ションの開拓のために販売するビジネスも横行し、次第に奴隷は海岸部からアラバマなどの内陸部へと浸透していったのです。

　こうした過酷な使役に耐えられず逃亡する奴隷は、なんとか奴隷制度を廃止した北部に逃れられれば自由を獲得することはできたものの、多くは途中で捕獲され、厳しい処罰の対象となったのでした。

南北戦争のあと、奴隷だった人々に公民権は付与されなかったのですか？

　南北戦争で確かに黒人奴隷は解放されました。しかし、そのことで、彼らが人間として平等に扱われるようになったかといえば、それは否でした。

　残念ながら、南北戦争によって黒人奴隷が解放されても、その後労働に対して適切な賃金が支払われるように指令がでただけで、黒人の地位向上への積極的な取り組みはなされなかったのです。ただ、南北戦争終結後に合衆国憲法が何度か修正され、そこで黒人の人権についての規定は付加されました。

　まず、1865年の12月に憲法の修正13条に次のような記載があります。

Neither slavery nor involuntary servitude, except as a punishment for crime whereof the party shall have been duly convicted, shall exist within the United States, or any place subject to their jurisdiction.

奴隷制および本人の意思に反する苦役は、適切な手続きを経て有罪とされた当事者に対する刑罰の場合を除き、合衆国またはその管轄に服するいかなる地においても、課してはならない

これで奴隷制度が正式に廃止されたことになります。

次に、1868年の修正14条には、

All persons born or naturalized in the United States, and subject to the jurisdiction thereof, are citizens of the United States and of the State wherein they reside. No State shall make or enforce any law which shall abridge the privileges or immunities of citizens of the United States; nor shall any State deprive any person of life, liberty, or property, without due process of law; nor deny to any person within its jurisdiction the equal protection of the laws.

合衆国内で生まれ、または合衆国に帰化し、かつ、合衆国の管轄に服する者は、合衆国の市民であり、かつ、その居住する州の市民である。いかなる州も、合衆国市民の特権を免除および制約する法律を制定し、または実施してはならない。いかなる州も、法の適正な過程によらずに、何人からもその生命、自由、または財産を奪ってはならない。いかなる州も、その管轄内にある者に対し、法の平等な保護を否定してはならない

　この条文によって、元黒人奴隷も正式にアメリカの市民として法律の庇護下におかれることになりました。

　さらに1870年に修正15条が交付されます。その条文は以下の通りです。

The right of citizens of the United States to vote shall not be denied or abridged by the United States or by any State on account of race, color, or previous condition of servitude.

合衆国またはいかなる州も、人種、肌の色、または以前に隷属状態にあったことを理由として、合衆国市民の投票権を奪い、または制限してはならない

この条文で、元奴隷であった人々に参政権が与えられます。しかし、これらの規定によって、元奴隷の人々はアメリカの市民として完全に平等に扱われるようになったわけではありません。

　実は、一見これらの法律によって、黒人の地位が保証されたかにみえますが、このことによって法律的に職場や公共の場所での差別を禁止することが、保証されたわけではなかったのです。

　また、これらの条文は合衆国の憲法ですが、それぞれの州は、この憲法の条項に従って、独自に州憲法や法律を制定できます。解釈によっては政治には参加でき、市民としては認めても、その範囲の中で白人以外の人々を差別することは禁止されていないのです。

　実際、南北戦争の後、アメリカ国内のあちこちで、黒人系の人々を中心としたいわゆるマイノリティと呼ばれる少数派の人々は、不当な差別に晒され、時には迫害の対象となったこともあったのです。

　そのことから、市民として本当に平等に待遇されるべきであるという公民権法の制定への運動がおこるのです。そして、人々が本来の平等な権利を獲得するまで、残念ながら憲法で元奴隷の人々の人権が保証されてからさらに100年の年月が必要となったのです。

黒人差別はアメリカ社会や文化にどんな影響を与えたのですか？

　南北戦争後も、黒人を白人と分けて取り扱おうという法律が南部を中心に維持され、時には新たに制定されました。

　ジム・クロウ法と呼ばれる一連の法律がそれにあたります。19世紀に黒人を風刺した様々なコメディ演劇などがはやりました。これは、黒人の動作を滑稽に風刺して観客を湧かせるもので、演じるのは顔を

黒く塗った白人コメディアンだったのです。そこで唄われていた曲の中にJump Jim Crowという歌があり、それがジム・クロウ法という黒人を差別する法律の渾名となったのです。

こうした黒人を風刺する演劇やミュージカルは20世紀になっても続き、南部のみならずニューヨークなどでも人気を博していました。

そうした白人によるパフォーマンスの中から、黒人のミュージックのエッセンスをいれたジャズの原点が形成されます。そして、自らのルーツに強い意識もった黒人ミュージシャンが白人には真似のできないリズムや技術によってジャズを変革していったのです。それが現在でも多くの人に愛されるジャズやブルースのおこりです。

ちなみに、ニューヨークでは、1920年代から黒人による演奏が人気をはくしますが、当時演奏は黒人で、聴きにくる客は白人限定というようなクラブがあちこちにありました。

公民権法が確立されるまで、こうしたsegregation（特定の人種を社会から分離すること）はアメリカ各地に見られた現象だったのです。そして、それが最も極端な形で実施されていたのが、過去に奴隷制度を運営していた南部の11州だったのです。

実は、黒人を風刺したキャラクターやアニメなどは、60年以降の黒人の地位向上運動の中で、次第に批判の対象となってきました。

日本で戦後に爆発的に売れた「ダッコちゃん」という風船でできた人形、またはイギリスで作られ日本でも人気を博した『ちび黒サンボ』という絵本などがそれにあたります。

差別してきた人々と差別されてきた人々との意識、心理状態の差を象徴するようなこうした一連の課題も、原点はJump Jim Crowなど、segregationの時代の歌謡や演劇からきていることを知っておくべきなのです。

よく映画などにあるリンチとはどういったことなのですか？

リンチ(lynch)とは、国や州の法律、そして制度に従わず、私的な集団で人に制裁や暴行を加えることを意味する言葉です。

奴隷制度のあった時代には、奴隷の所有者によって人権を持たない奴隷たちが私的な制裁を受けるケースは日常のことでした。しかし、奴隷制度が廃止されたあと、逆に自由になった黒人に対する反発から、アメリカのあちこちで黒人が惨殺される悲劇がおきました。

1920年代には黒人のみならず、プロテスタントの信者ではない白人系の人々や、人権主義者、さらにはユダヤ系の人々などにも敵意をいだくKKK(Ku Klux Klan)と呼ばれる政治団体などの活動が活発になり、プロテスタント系白人のみの優位性を説く一部の人々や、その支持者により、リンチが横行したこともあったのです。

リンチはある意味で最も過激でかつ卑劣な差別感情に基づく犯罪で、その悪質さが故に、KKKからもその支持層が離脱し組織も解体されてゆきます。

ただ、こうした行為の裾野にはアメリカに根強くのこった差別意識を持つ広範な人口があったことは否めないのです。

公民権運動はいつ頃から活発になったのですか？

差別に反対する活動は、古くは独立戦争のころからあり、南北戦争後も根強く続く、黒人系のアメリカ人、つまりアフリカ系アメリカ人と呼ばれる人々への差別を解消しようという人権団体の活動も記録されています。

　特に、第二次世界大戦では、黒人は軍人として戦線に加わり、多くの戦果をあげました。そうした黒人の社会貢献にもかかわらず、黒人と白人が共に働く環境は軍隊の中でも整えられないままでした。

Rosa Parks with Martin Luther King, Jr.
1955年、ローザ・パークス女史とキング牧師

　問題が発火点に達したのは、アラバマ州モンゴメリーで1955年12月に起きた1つの事件がきっかけでした。

　それは、百貨店に勤務していた当時42歳のローザ・パークス女史が、公共の乗り合いバスで白人に席をゆずらなかったとして逮捕され、罰金刑を受けた事件です。

　この逮捕と判決に抗議し、キング牧師をはじめとする人々がアフリカ系アメリカ人によるバスのボイコット運動を展開。さらにバスの中で黒人と白人とを分離する行為は違憲であるとして、連邦最高裁判所に提訴したことが、本格的な公民権運動へと拡大していったのでした。

　その後、連邦最高裁判所は、ローザ・パークス女史の訴えを認め、公民権運動も全国に拡大してゆきました。

　その過程で、黒人系の人々への反発から、各地で緊張が高まるケースも増え、中には暴徒となった黒人と白人警官との衝突なども頻発します。

　例えば、黒人の入学を拒否していたアーカンソー州の州立高校に黒人の学生が入学しようとしたときは、連邦政府が軍隊によって彼らを護衛し、それをサポートしたケースもありました。

　そうした中にあって、キング牧師は、暴力を否定した活動を徹底し

ます。彼らは、黒人と白人との席を分離したりして白人を優遇する飲食店や公共施設をボイコットし、白人専用の椅子にあえて腰掛けたりという抗議を展開します。そして、その暴力に頼らない方法が白人社会にも支持者を集めるようになってゆくのです。

　公民権運動は60年代に入ってさらに盛り上がり、活動が最高潮に達したとき、ワシントン大行進があり、キング牧師がそこでI Have a Dream の演説を行ったのでした。

　キング牧師の活動には時の大統領、ジョン・F・ケネディも支持を表明し、ケネディの暗殺後、ジョンソン政権も積極的に南部での差別活動の排除と改善に努めます。

　このように公民権運動は、50年代から60年代にかけて、全米で展開された社会改革運動だったのです。

 ## マルコムXとはどんな人？

　マルコムXはキング牧師が活動していたころ、黒人の地位向上のために活動していた人物です。彼の活動を理解するには、ブラック・ムスリムについて知る必要があります。

　1920年代から一部の黒人活動家の中に、白人との完全な分離を説き、彼らの祖先がアフリカにいた頃のアイデンティティをイスラム教に求める人々がいました。

　彼らの活動はブラック・ムスリム・ムーブメントと呼ばれ、キリスト教を否定し、白人の価値観を否定し、黒人独自の存在意義を大きくアピールしようとするものでした。

　マルコムXは、本名はマルコム・リトルといい、アメリカ中西部の

ネブラスカ州で白人社会と一線を画しながら生活をする父親の影響を受けて育ちます。しかし、6歳のとき、父親が人種差別主義者に惨殺され、それが警察によって自殺として処理されるという経験をします。そうしたストレスが元で母親も精神病院に送られ、おそらくそこで虐待を受けたらしく、病院から解放されたあと重度の精神疾患に苦しんでいたのです。その結果マルコムＸは白人家庭に里子にだされてしまいます。そうした強烈な体験から、彼もどん底の生活の中で麻薬取引などの犯罪をおかし、収監されたのです。そして、刑務所でブラック・ムスリム運動を知ることで、猛勉強の末に活動家として自らを再生させてゆきました。

　後に彼はブラック・ムスリムの活動の中心であったNation of Islam（NOI）の広告塔として活動を展開し、キング牧師の公民権運動とは一線をおいた、黒人の優位と白人との対立を主張する活動を展開したのです。

　彼の活動は、そのテーゼから白人社会から反発を受け、テロリストの汚名を着せられます。また、その後NOI内の指導者との確執などが理由で、NOIを脱退し、アフリカ系アメリカ人統一機構を造り独

Martin Luther King and
Malcolm X waiting for press
conference.
1964年3月、記者会見前のキング牧師とマルコムＸ

自の活動をしたあとは、NOIからも裏切り者として糾弾されるようになります。そして、結局1965年に暗殺されてしまったのです。39歳の若さでした。

ブラック・ムスリム運動は、黒人の活動家や著名人に多くの影響を与えます。

代表的なのが世界ヘビー級チャンピオンになったモハメッド・アリでしょう。彼はカシアス・クレイから、イスラム系のモハメッド・アリへと名前を変えます。モハメッド・アリは、その後自らのキャリアを犠牲にしてベトナム戦争徴兵を拒否するなどの政治的な活動を展開しました。

マルコムXの活動は、白人との平等と宥和を目指すキング牧師とは対称的なものでした。

ただ、キング牧師はそんな彼を一人の活動家としてしっかりと認め、公然と批判することはなかったといわれています。

公民権運動は
今どのように進化しているのですか?

公民権運動は、その骨子が憲法に盛り込まれると、アフリカン・アメリカンと呼ばれる黒人系の人だけではなく、アメリカ社会でいかにすべての人を平等に扱うかというテーマへとその活動が拡大します。

その結果、現在では多様な文化や価値観を尊重しようというDiversityという発想がうまれ、成熟しています(p.89「キング牧師の遺伝子はDiversityという発想に進化する」を参照)。

大切なことは、公民権運動とは一時代の歴史的な活動ではなく、アメリカがイギリスから独立したとき以来ずっと模索されてきた、平等

とは何かというテーマを追いかけ、それが社会の発展と共に進化してきた活動であるということです。従って、この活動は公民権運動という名前こそ使われないとしても、現在でも、そしてさらに未来に向けても、常に社会に問いかけられてゆく問題なのです。

例えば、現在解明されていない病気のメカニズムがわかり、それに苦しむ人々がそれまでは社会から蔑視されていたとしましょう。すると、そうした人々に人権が尊重されるようになった場合、それも公民権運動の延長での進化といえます。

もちろん、その活動は日本でも行われています。近い例では、ハンセン氏病患者の人権が認められ、その差別に対して補償が認められたケースなどは、広義での公民権運動の成果といえましょう。

このような取り組みは、今後も社会の様々な現象に向け、メスをいれる形で進められてゆくはずです。

さらに、そうした意識はアメリカだけではなく、世界中に伝搬され、いまや公民権を尊重することが文明の条件として捉えられているということを強調しなければなりません。

公民権運動は、我々の生きる社会をいかに改善してゆくかというテーマに沿った永遠の活動なのです。

公民権法が成立して、黒人系の人々は満足したのですか？

公民権法の成立は、黒人系の人々にとって、自由と平等が保証されたという意味において大きな進歩ではありました。

しかし、長年社会の中で弱い立場を強いられていた黒人系の人々が、経済的に、さらに社会の上でも白人系の人々と全く同レベルに地

位が向上したかといえば、そうは言い切れません。

　実際、公民権法が成立した後も、アメリカの都市部のスラムで貧困に悩む黒人系の人々が新たな社会問題としてクローズアップされ続けています。

　貧困が故に犯罪が増えて治安が悪くなり、それが新たな偏見へとつながる悪循環も続いています。

　そしてその悪循環が臨界に達したとき、暴動も多発します。特に公民権法が成立して数年間、「長い暑い夏」と呼ばれた黒人暴動が全米各地で起こりました。

　また、1990年にはロサンゼルスで黒人に暴行を加えた警察官が無罪になったことに怒った人々が大規模な暴動を起こし、それが全米に波及しそうになったことは記憶に新しいはずです。

　経済格差が本当に解消され、黒人系の人々の社会や国家への不信感が払拭されるには、まだまだ時間がかかりそうです。

今、世界にはどのような差別が残っているのですか？

　今でも世界中で人種問題からくる差別や虐待、そして紛争は後を絶ちません。中東でのイスラエルとパレスチナの問題。南アフリカ共和国で宥和政策が成功したあともその北に位置する国ジンバブエで繰り返される白人系居住者への報復活動。インドでのイスラム教徒とヒンズー教徒の対立など、事例を挙げればきりがありません。

　例えば、日本でも職場で男女が性別に関係なく同じような条件で働けるかといえば、まだまだ疑問が残ります。

　キング牧師や、ネルソン・マンデラの説いた、差別された側とした側

とが共に新しい平等な世界を造ってゆくという理想と現実のギャップはまだまだ埋まらないのです。

特に気になるのが、いわゆる新保守主義といわれる考え方が社会に広がるなか、新たな差別や偏見が他者に対して向けられるケースが頻発していることです。

人を肌の色や国籍などで判断せず、個々人の考え方、能力で判断するという基本的姿勢を冷静に貫くことは、容易なことではありません。であればこそ、その困難に挑戦する勇気も必要なのでしょう。

 公民権運動を理解するための映画はありますか？

今までに、公民権運動とその思想をテーマにした多くの映画が製作されています。その中でも代表的なものは、以下の通りです。

❑ **夜の大捜査線　*In the Heart of the Night***

　　監督　ノーマン・ジョンソン
　　主演　シドニー・ポアチエ、ロッド・スタイガー

　　ミシシッピ州で起きた殺人事件をめぐり、黒人のFBI捜査官と現地の警察所長とのやりとりを通じ、南部での人種差別の現状を赤裸々に描きながら、黒人捜査官が事件を解決してゆくミステリーアクション映画。

❑ **ミシシッピバーニング　*Mississippi Burning***

　　監督　アラン・パーカー
　　主演　ジーン・ハックマン、ウィレム・デフォー

　　ミシシッピ州で公然と行われる人種差別にからむ殺人事件の真相解明にFBIの捜査官が挑もうとするが、現地の警察官と政治家、そして

人種差別団体が一緒になってそれを阻もうとする社会派の映画。当時の南部の様子がしっかりと描かれているものの、公民権運動家からは実際は差別に対して腰の重かったFBIを英雄視するストーリー展開に疑問もでている。

❏ ヘルプ・心がつなぐストーリー　*The Help*

監督　テイト・テイラー

主演　エマ・ストーン、ヴィオラ・デイビス

　大学を卒業した主人公が地元の新聞社で働くなか、次第に黒人のメイドの待遇や現状に興味をもち、報復を恐れて口を閉ざすメイド達との交流を通して、黒人の地位向上を目指した活動に目覚めてゆく。60年代のミシシッピ州のごく普通の社会におこる偏見と葛藤を描いた作品。

❏ チェンバー・凍った絆　*The Chamber*

監督　ジェームズ・フォーリー

主演　ジーン・ハックマン、アダム・ホール

　白人至上主義者がおこしたユダヤ人殺害事件で死刑判決を受けた主人公と、その弁護をかってでた男との隠された過去の絆を縦糸に、60年代におきた陰惨な人種差別による殺人事件の加害者の複雑な過去を紐といてゆく物語。加害者本人と家族の過去をあばき、公民権運動の時期の社会の複雑な背景にライトをあてた異色の映画。

❏ ドライビング・ミス・デイジー　*Driving Miss Daisy*

監督　ブルース・ペレスフォード

主演　ジェシカ・ダンディ、モーガン・フリーマン

　ユダヤ系の老女とその運転手となる黒人との暖かい友情の物語。ユダヤ系の人々にも偏見が根強い南部にあって、裕福で教養のある老女と貧しく地元で一生を過ごしてきた黒人のドライバーのそれぞれのキャラクターを通して、公民権運動と人々の関わりを描いてゆく。

❏ ハリケーン　*The Hurricane*

　　監督　ノーマン・ジェイソン
　　主演　デンゼル・ワシントン、レズラ・マーティン

　冤罪で収監されている元黒人ボクサーの無実を黒人少年と彼を扶養するカナダ人がはらしてゆく、史実に基づいた作品。実存のルービン・カーターという元ボクサーは冤罪で20年間服役している。映画ではカーターに執拗に迫る刑事の様子や、彼が幼少期に受けた陰湿な差別などもしっかりと描かれている。

❏ フィラデルフィア　*Philadelphia*

　　監督　ジョナサン・デミ
　　主演　トム・ハンクス、デンゼル・ワシントン

　ゲイでエイズに感染していることを理由に弁護士事務所を解雇された主人公が、80年代に根深くのこっていた同性愛への偏見に立ち向かい、弁護士事務所を相手に訴訟を起こす物語。黒人の弁護士と主人公の間にうまれる友情を描きながら、同性愛者の公民権の課題に正面から取り組んだ傑作。

❏ マルコムX　*Malcolm X*

　　監督　スパイクリー
　　主演　デンゼル・ワシントン

　黒人活動家マルコムXの生涯を、史実にできるだけ忠実に赤裸々に描いた問題作。幼少期に父を惨殺され、その後非行を重ねて投獄されたあと、黒人活動家として目覚めてゆく過程を3つの部分にわけて構成する。公民権運動とは一線を画した多くの黒人の深い怒りが何か、映画を通して考えさせられる。

第二話　ビジネスと公民権

　キング牧師の問いは世界へ投げかけられる

　キング牧師の活動は、単なる歴史のひとこまではありません。彼が訴え、語ってきたことは、今アメリカでしっかりとした制度となってアメリカ社会の隅々にまで浸透しているのです。

　それは、職場から公共のサービスまで、我々が日々接するあらゆる組織や活動の中に息づき、今もさらに進化を続けています。

　さらに、キング牧師の訴えた「人々の平等」という考え方は、アメリカを越え世界に向けて「憎しみのない社会造り」をどのようにして推進するかという問いを投げかけました。

　キング牧師の死後も、南アフリカではアパルトヘイトという人種隔離政策のもと、古くからアフリカに住む黒人系の人々に過酷な差別が課せられていました。

　その社会を変革しようと立ち上がったネルソン・マンデラ氏は、長い獄中生活の末に解放され、ついに1994年に南アフリカ共和国の差別を撤廃し、新たな政権を樹立します。彼はそのとき、敢えて自分たちを抑圧していた白人系の人々への報復のない、双方が融和する社会の創造を訴えました。

　これはキング牧師がI Have a Dreamの演説の中で説く、憎しみを越えて白人と黒人とが手を取り合う社会を夢見たことに通じる画期的な変革だったのです。

　そして、キング牧師も、ネルソン・マンデラも共に、暴力によらない非暴力での抵抗を続け、見事に社会を変えていったのです。

　その原点は、いうまでもなくインドで非暴力での抵抗活動の末に、イギリスからの独立を勝ち得たマハトマ・ガンジーの思想にありました。

　つまり、マハトマ・ガンジーからマーティン・ルーサー・キング、そしてネルソン・マンデラへとしっかりとバトンがわたされたのです。

　そしてその影響は、インド、アメリカ、そして南アフリカにとどまらず、世界に拡散し、それぞれの社会の中に浸透しました。あるところはゆっくりと、そしてあるところは急激により平等な社会へと変化していったのです。

　今後、バトンがどこにわたされるのか。それは我々が現在の混沌とする世界をみる上で常に見詰めてゆかなければならないテーマなのです。

公民権法は現在の職場のあり方にも大きな影響を与えてきた

　実は、キング牧師の問いかけが最も大きな影響を与えたのは、我々が日常活動する職場や学校での制度、そして価値観でした。

　これは、アメリカだけではなく、広くヨーロッパやアジアの国々にも取り入れられます。日本でも、アメリカとはその内容に大きな違いはあるものの、雇用機会均等法が制定され、男女間の職場での差別撤

廃への取り組みがはじまっています。

　そこで、こうした動きをよりしっかりと見据えてゆくために、再びアメリカに目を向けてみようと思います。

　アメリカではキング牧師の死後、どのように平等な社会造りへの取り組みが進化していったのでしょうか。

　キング牧師が活動していた頃、職場で人種や国籍、性別などで不公平なことが頻繁におきていました。それは、黒人だけではなく、ネイティブ・アメリカン、アジア系、カリブや南米から移民してきた人々などにも当てはまることでした。

　1964年に、公民権が保証されたということは、黒人だけではなく、こうした人々にもその権利が保証されたことを意味しています。

　以後、そうした広範な人々への平等、そしてさらに考え方や趣向、宗教の異なる個人同士の差別や偏見の撤廃に向けて、アメリカ社会は取り組んでゆきます。

　ここで、再度キング牧師がアメリカの原点を見つめようとして取り上げた独立宣言のall men are created equalという一文を心に浮かべます。

　この文章にはcreatedという単語が入っています。つまり独立戦争当時の考え方に従えば、人々は神によって創造されたものであるという意識があるために、このcreatedという単語が使用されているわけです。

　created が使用されていることから、この文章が意味することは、「人は生まれたときから平等であり、同じスタートラインに立つ権利があるのだ」というふうに解釈できます。

　キング牧師や公民権の獲得を訴える人々は、その発想に立って活動をしていたのです。

　キング牧師が特に主張していたのは、当時黒人はその「同じスタートラインに立つことを許されていなかった」ということなのです。スタートラインに立てさえすれば、後はその人の実力や努力で人生の夢を追求することができます。

　つまり、キング牧師がI Have a Dreamの中で語っていることは、人は実力や実績、さらに能力で判断されるべきで、「人の背景」によって評価されてはならないということなのです。

　そして、その考え方に立てば、人を差別するものが単に肌の色だけではないということがわかってきます。

　従って、公民権への取り組みは、人種、肌の色から、宗教、国籍、年齢など様々な視点へと拡大してゆきます。

　そもそもアメリカが独立したときに、すべての人にこうした意識があったわけではないことは、すでに解説しました。

　しかし、その後南北戦争において奴隷制度は廃止されたものの、奴隷だった人々が他の人と平等に社会に参加できたかというとそれは否でした。そんな矛盾に対して立ち上がったのが、キング牧師たちによってリードされた公民権運動でした。

　そして公民権運動によって、社会での差別が撤廃されたのちも、この差別してはならない「人の背景」とは何かが常に議論の対象となって現在に至っているのです。

　代表的な事例は、公民権運動の時代には、ゲイやレスビアンといった同性愛者が同性愛であるが故に差別されていた事実は注目されませんでした。しかし、今では職場や公の場において、同性愛者であることを理由に差別をすることは違法行為とみなされます。

　また、年齢が高いというだけで、その人を他の人と異なるように取り扱ったりすることも平等という意識からみれば違法となります。そ

れは、社内だけではなく、仕事をもらいに来た人、すなわち社外の人への対応においても、気をつけなければならない常識となっています。

このことは、日本人がアメリカをはじめ、公民権の発想のある国で仕事をしてゆく上で、特に気をつけなければならないことなのです。

実際にあった事例としては、年をとっていることを理由に「そろそろ後進に道を譲ったらどうですか」と会社が社員に言ったことから、年齢という「人の背景」を理由に差別をしたということで、日本企業が訴えられた事例などが挙げられます。

このように、公民権法に従って日本企業が訴訟の対象になったことは数知れずあるのです。

ビジネスで特に注意したい Equal Employment Opportunity の概念

平等の原則に従って、職場や公の場所で人を平等に扱わなければならないという規定は、公民権法の第7編、Title 7 と呼ばれるところに明文化されています。そこに書かれているのが、Equal Employment Opportunity という考え方です。

この概念は、連邦政府の規定に加え、それぞれの州でも法律の形でしっかりと制定されているのです。

公民権法の第7編や The Equal Employment Opportunity Law、すなわち「雇用機会均等法」をしっかりと理解しておくことは、アメリカで生活をする上で最も必要とされることがらなのです。

時に日本からアメリカに駐在し、アメリカ国内の職場に勤務する人は、この法律をしっかりと読んでおくことをおすすめします。

The Equal Employment Opportunity Law を
遵守しなければならない組織

- Private Employers　私企業の雇用者
- State and Local Government　連邦政府、地方政府
- Educational Institutions　教育機関
- Employment Agencies　雇用エージェント、職業紹介所
- Labor Organizations　労働関係の組織

これらの機関が遵守しなければならない対象

- Hiring　雇用
- Discharge　解雇
- Fringe Benefit　給与外の特典（雇用保険等）
- Job Training　職業訓練
- Classification　作業内容や格付
- Referral　業務委託、推薦、紹介等
- Other aspects of employment　その他の雇用に関する事柄
- Promotion　昇進
- Pay　賃金

上記の事柄を以下のような理由によって差別してはならない

- Race　人種
- Religion　宗教的背景
- National Origin　出身国
- Age　年齢
- Color　肌の色
- Sex　性別（妊娠時を含む）
- Disability　障害
- Genetics　遺伝的背景

この法律とその運用、そして進化は、キング牧師をはじめとした公民権運動を展開した人々が次世代に残した最大の成果でした。

　この法律は、単に雇用において差別があってはならないというのではなく、職場でのあらゆる活動において、すべての人は平等に扱われるべきだという理念に貫かれています。

　万人に対して、職場や公の場所等で差別をしてはならないとされているのです。

　そして、この法律の重みをしっかりと定着させるために、もし差別を受けた者がそれを法的手段に訴えたとき、組織はその行為を妨げてはならないとも規定されています。

　さらに、最近ではこれらの条項に加えて、同性愛者への平等な取り扱いも含まれるようになっていることは特に注目したいところです。

　ですから、例えばイスラム教徒であるが故に採用を断ったりしてはならないし、年齢を理由に人を降格したり、閑職においたりしてはいけないことになります。

　年齢の場合注意したいのは、年をとっていることを理由にしてはいけないのみならず、「君はまだ若いから」といって年齢が若いことでその能力に応じたポジションに人をつけなかったときも、処罰の対象となることです。

　つまり、昇進や昇級においても、これらの「人の背景」ではなくその人の成果や実力によって判断されているかどうかを、きちんと示さなければ法的なリスクに晒される可能性があるのです。

他人ごとではない三菱自動車のケース

　残念なことに、日本企業や現地で働く日本人がこの法律を意識しなければならないことを最も象徴的に示している事件が、1996年に起きたことを、ここで解説しておきたいと思います。

　それは三菱自動車のイリノイ工場でおきたセクハラ事件のケースです。セクハラのケースは、雇用機会均等法に照らせば、人を性別によって差別し、一方的な苦痛を与えた事例となることはいうまでもありません。

　アメリカには、Equal Employment Opportunity Law が遵守されているかどうかを調査し、必要においては告訴するための組織、アメリカ雇用機会均等委員会があります。

　1996年4月、そのアメリカ雇用機会均等委員会が、三菱自動車を提訴したのでした。その後、事件は拡大し、最終的には三菱自動車の不買運動などにまで拡大します。

　提訴の理由は、イリノイ工場に勤務する男性社員が女性の体に触るなどといったセクハラを、会社が放置してきたことです。1992年に、29人の女性社員がセクハラ問題や、雇用条件に関する男女間の差別を、連邦裁判所に提訴したことが、ことの発端でした。

　アメリカ雇用機会均等委員会が提訴したとき、三菱自動車側は、会社としてはセクハラ対策もしっかりと講じており、落ち度はないと反論します。実際、会社はアメリカの就労環境に配慮し、日本人社員のセクハラ教育もしっかり行っていました。

　しかし、そうした会社の努力にもかかわらず、この事件は全米に報道され、日本社会での男女差別の問題までがマスコミに取り上げられたのでした。そしてついには三菱自動車の不買運動がおき、最終的に

は高額な賠償金を支払うなど、同社の受けた損害は甚大なものとなりました。

　そもそも、同社でセクハラ事件をおこしたのは、現地工場に働くアメリカ人たちでした。別に日本人がアメリカ人の女性にセクハラを行ったのではないのです。しかし、おきたセクハラ事件を会社が軽視し、放置していたことが批判の対象となったのです。

　アメリカ企業でも、社内でセクハラ問題や雇用や解雇の問題がこじれて、人種や性別、年齢に対する差別にあたるとして社員が会社を提訴したケースは数えきれないほど存在しています。

　もちろん、雇用者側に問題がありという裁判所の判断があることもあれば、訴えた方が理不尽であった場合もあります。訴訟は、企業活動をしてゆく上では避けられないリスクなのです。

　大切なことは、そうした時に企業がとらなければならない対応です。三菱自動車が、セクハラ事件を徹底的に調査し、結果の公表と処分、そして今後の対応を内外に発表するといった透明な行動ができなかったことが問題だったと批判されたのです。

　当時、日本人の多くは、これはアメリカ人のセクハラ問題で、しかも会社としては、しっかりとセクハラ教育までしていたのに、なぜそこまでバッシングされなければいけないのかと、当惑していました。

　同社では、日本の雑誌には、女性のヌードが掲載されていることも多いので、社内には持ち込まないようにという細心の注意をしていたようです。それにもかかわらず、あたかも日本では女性が奴隷のように差別されているといった過激な報道までされたのはどうしてかと、多くの人が、アメリカのマスコミや、この問題を取り上げた国会議員の過激な発言に政治的な意図があるのではないかと、怒りすら覚えていたようです。

　確かにマスコミの報道は過剰であったかもしれません。今回、福島第一原子力発電所で水素爆発がおきたとき、日本のマスコミよりも、欧米のマスコミの方がはるかに大掛かりにそれを取り上げていました。そして、中にはセンセーショナルに煽りすぎているような報道も見受けられました。それと比較しても、確かに三菱自動車でのセクハラ事件への報道は厳しいものでした。

　しかし、現代社会において、マスコミの報道のリスクは、常に企業が考えておかなければならない課題に他なりません。しかも、セクハラ問題のような雇用機会均等法に抵触するスキャンダルは、アメリカのマスコミが最も興味を抱き易い、大衆に訴えることができるケースなのだということを知っておく必要があるのです。

　仮にマスコミの報道が過剰であったにせよ、セクハラを放置していたとみなされるようになってしまったという、三菱自動車に危機管理上のハンドルミスがあったことは否めないのです。

　結果として、放置していた企業が日本の企業であったことから、マスコミは日本での女性差別の問題にも興味を持ったのです。

　なんと言っても、三菱自動車は事態の深刻さに対して、しっかりと向き合いませんでした。社内でこれを解決するのではなく、専門家や外部の人々に広く意見を求め、透明性をもってことにあたるべきだったのです。さらに、それを遂行するリーダーシップを会社のトップがしっかりとアメリカのマスコミにアピールするべきでした。外部の専門家と現地組織が連携して、現地の常識に従って、問題にあたるべきだったのです。日本の本社、あるいは現地のことをよく理解していない日本人の幹部が指揮を執っても、充分に危機を回避することはできません。それほど、Equal Employment Opportunity はアメリカ人にとって重要な事柄なのです。

田舎町の論理と国の理想

Equalityつまり平等の概念が、アメリカ人にとっていかに重要なテーマかがおわかりになったと思います。

しかし、一方でアメリカでのイコーリティの概念こそ、アメリカの理想であるとともにアメリカの矛盾でもある複雑な概念であるともいえましょう。ですから、単にアメリカを賛美したり批判したりする前に、じっくりと科学的な目をもってこのイコーリティの概念を見つめる必要があるのです。

ここで、アメリカのどこにでもある田舎町のことを考えてみます。

例えばアメリカ南部にあって、キング牧師の活動などに対し敵意をいだいていたような、小さな町を想像してみてください。その町は、昔海外からの入植者が、海の向こうから手にもてるだけの家財道具をもって新大陸に上陸し、森を開墾し、山や谷を切り拓いて造った町でした。

最初に移住してきた人の多くは、ヨーロッパでプロテスタントの一派であるということから、カトリックを信仰する為政者から迫害を受けた人々で、そんな彼らの多くが新大陸に逃れてきて、土地を開墾し、やがて町を造ります。町の中心に教会を建て、そこに皆で集まり共に暮らすためのルールを作りました。そして自らの信仰に従って子供の教育を行い、次第に年月が経って町も成長しはじめたのです。

そんな時、独立戦争が起き、アメリカ合衆国という国家が誕生しました。彼らは、ヨーロッパの旧体制を象徴する為政者の恐怖から逃れ、新大陸で自らの信仰の自由のために生活をしていたわけですから、イギリスが植民地を強くコントロールし、税金を課し、反発する者を取り締まったときに立ち上がり、他の町や地域とも連携して、独立運動

を展開したのでした。

その町でも民兵を組織して、独立運動に加わりました。こうした民兵のことをmilitiaといいます。独立戦争は、こうしたmilitiaの集団で戦われたのです。

町の人は、厳しい戦いの後に、やっと独立を勝ち得たとき、本当の自由を獲得したと確信したはずです。これで、自分たちの町のことを自分たちで決め、誰からも強く束縛されることなく、収穫を喜び、それをより大きな町にもって行ってお金に換え、必需品に換えて、生きてゆくことができると思ったことでしょう。

ところが、そんな時、今度はアメリカ合衆国という新しい権力がワシントンDCに生まれ、税金はこのようにしろとか、国の法律はこうだとか言いはじめます。そこで、町の人々は、これはわれわれを拘束する新しい権威だと反発し、自らの自由と平等の権利を守るために議員を送り、国が「おらが町」のことに立ち入ることに抵抗したのです。

なかには、そんな中央政府は受け入れるべからずと、ちょうどアメリカがイギリスから独立した時のようにmilitia（民兵）を再編して抗議しようとする者まで現れます。その延長線上に、中央政府から分離しようとする動きが連携し、国家が2分される危機に直面したのが、南北戦争だったのです。

しかし、南北戦争は、分離独立を図った南部の人々の敗北に終わり、その結果中央政府はどんどん力をつけ、もう武力で政府は倒せないということが常識となってゆきます。

しかし、その後アメリカが成長し、連邦政府が大きくなり、同時に世界から自らの常識や信仰とは異なる移民がどんどん流入して、国際社会との交流も活発になると、こうした「おらが町」の人々の恐怖はさらに強くなってゆくのです。

その結果、黒人にも公民権が与えられ、何かと言えば町の常識に対して受け入れられない「新しい風」を吹き込もうとします。このままでは、昔からの自治も我々の存在価値までもが踏みにじられてしまうと彼らは思います。

　その悪の根源は、連邦政府、そして連邦政府の考えに組する大企業だと思った彼らは、またまたmilitiaを組織し、中にはテロ活動に走る者まで現れます。

　1995年の冬に、オクラホマシティにある連邦政府のビルを爆破し、自らの生活を脅かす移民を排除し、究極の新天地を創造しようとしたテロ行為があったことは記憶に新しいはずです。

　もちろん、これは極端な例で、一般の人はもっと穏やかに考えます。「おらが町」は大切だ。だが、国がここまで大きくなった以上、国から保護してもらい、自らの国の繁栄のために貢献することも悪いことではないと大多数の人は思うようになったはずです。

　そこで、「おらが町」の権利と国の影響との間に立って、うまく妥協した形で生活をしてゆこうと考え、彼らの意見を代弁してくれる政治家に、投票をするのです。

　この、「おらが町」のことは自らが決め、政府といえども介入してほしくないという心理こそが、アメリカ人の抱くFreedom、すなわち自由の意識なのです。

　もちろん、このFreedomという概念は、大きな権力に対して対等であるべきという考え方において、Equalityの概念としっかりと連携しているのです。

公民権法の運営をめぐる
民主党と共和党の政策論争

　ではEqualityの概念を、アメリカの政治家はどのようにみているのでしょうか。

　230年以上前、植民地を本国と平等に扱ってほしいという要求が無視されるなか、元々ばらばらだった植民地が一つにまとまり独立戦争を始めたわけですが、最終的に独立戦争が終わり、アメリカ合衆国が成立した時、そこに国家としての強い絆があったかというと、そうではなかったことが、この「おらが町」の様子をみてもわかってきます。

　独立という大義名分のために集まった州が、いざ独立してみると実はばらばらで、わざわざ一つにまとまる理由が見つかりません。一つにまとまるよりも、実際にむしろそれぞれの州で自らの事情に合わせて利益を追求したほうがよいのではないかと思った政治家たちは、国家という強い枠組みでむりやりすべてを統率してゆくことに強く反発したのです。

　彼らは、その後長い間にわたって、政府のなかで統一国家を造ってゆこうという人々と、政策面でも立法面でも対立してゆきます。

　彼らの政治的なスタンスの背景にあるのは、中央政府の権力をそいで、地方政府を中央と平等に、あるいはそれ以上に扱うべきだというものでした。そして、その伝統は現在にも受け継がれ、アメリカの政治や、そこで産み出される制度に様々な影響を与えています。

　日本人はアメリカでのイコーリティを見る時、すぐに人と人との間の平等の概念だけを強調しがちです。そして、行政や司法、あるいは議会における制度上の平等については、あまりスポットを当てないようです。

　アメリカでは、今でも地方の力が強く、常に中央に対して自らの平

等を主張しています。

　したがって、法律の運用一つをとっても、州によって解釈が違うのです。たとえば、ここで取り上げたEqual Employment Opportunity Lawを見ると、連邦法では同性愛者に関する特別な規定は設けられていません。

　しかし、ニューヨークなどいくつかの州では、同性愛者であることを理由とした雇用上の差別、職場での差別を禁止しています。

　さらに有名な話では、銃の所有を禁止している州や容認している州、死刑のある州やない州など、時には連邦政府の規定以上に州の力が優先されることもあるのです。

　また、教育制度をとってみても、地方地方で子供に対する教育のカリキュラムも違えば、教えている内容だって大きく異なります。日本のように文部省の指導のもと、全国津々浦々まで均等な教育を行うことは、アメリカから見れば奇異このうえないことなのです。

　そして、このように地方政府の力をサポートし、中央政府の力を抑えようという動きを現在代表しているのが共和党なのです。

　それに対して民主党は、人権を守り、弱者を救済するためにも、中央政府の強化が大切だと説いています。

　キング牧師や公民権運動の活動家が、どんなに正義を訴えようと、連邦政府が単純に法律を制定して、強権をもって地方都市に改善を命令できにくかった背景には、こうした地方分権の原則があったのです。

　大統領でも、連邦議会でも、簡単には地方の変革に手をつけにくいのです。

　ですから、1950年代に公民権運動が盛り上がりを見せ始めたとき、まずは地方レベルでの草の根の活動がどうしても必要になります。

その長い道のりを経て、公民権法が制定され、合衆国として憲法が修正されるまで、キング牧師は厳しい戦いを続けてきたことになります。

 ## アファーマティブ・アクションにみられる政治の確執

こうした背景によって、連邦政府は小さな政府でいればいいのか、それとも連邦政府が率先して社会を変えてゆくべきかという、政策論争を展開する共和党と民主党ですが、彼らの論争を最も象徴しているものにアファーマティブ・アクションの是非があることを、ここで紹介しておきましょう。

公民権法の精神にのっとって真の平等を実現するためにも、力のないマイノリティ（黒人やラテン系など白人層に比べれば少数派の人々）に雇用や就学面などで優先権を与えるべきだという考え方にのっとって制定されたのが、このアファーマティブ・アクションという法律、そして制度です。

これに対して、共和党などに代表される人々は、こうしたアクション自体が特定の人々に特権を与えるもので、平等の原則に反するものだと主張します。

アファーマティブ・アクションの具体例は、公民権運動が結実したあとのアラバマ州など、元々黒人が差別されていた地域にもいくつかあります。例えば、公民権法を徹底させるために、警察署で黒人を優先的に昇進させる制度が設けられたこともあったのです。

また、アメリカの多くの大学では、元々は白人系の学生に有利な評価をしていたこともあり、黒人やヒスパニック系の人々に、より有利

な入学条件を設定しているケースが多く見受けられます。しかしその反面、アジア系の学生が不利益を被っているという指摘もあり、議論が分かれているのです。

さて、この平等をめぐる議論が思わぬところでビジネスに影響を与えていることもここで触れておきましょう。

たとえば、現在連邦政府は民主党政権によって運営されているため、当然連邦政府に関係するあらゆる組織の多くはアファーマティブ・アクションに基づいて雇用が行われています。そして、企業が連邦政府からビジネスを獲得する場合、その企業がアファーマティブ・アクションに従ってマイノリティを雇用しているかどうかを審査することがあるのです。

しかし、地方の州が個別にアファーマティブ・アクションを撤廃すれば、同じ州内にあって州政府と連邦政府の施設とでは、企業への発注の基準が異なってくることになるわけです。

こうしたことから、企業に働く弁護士は、単にそれぞれの専門領域に従って仕事をするだけではなく、こうした地方での規定がどのようになっているかを常に意識しておかなければなりません。

実際、弁護士の資格は州別に獲得するのが常で、ニューヨーク州とカリフォルニア州とではそれぞれ異なった弁護士に訴訟対策などを依頼しなければならなくなるのです。

このように、中央政府と地方のパワーバランスや制度の確執といった問題と、人種や性別上での平等という、人々の権利を定めた規定とが、複雑に交錯しているのがアメリカ社会の現実なのです。

もともと、「おらが町」の権利だけを強調していると、個人の人権との矛盾が露呈されます。「おらが町」の人々は、自らが切り拓き建設した町を守り、開墾した農場を守ろうとします。そして、時にはその町

を造った時の理念ともいえる宗教的な価値観をも維持していこうとすることもあります。

したがって、新たな移民がその町に流れてきて、自らの仕事を奪い、町の雰囲気が変化しだすと、彼らはそれを排除しようと抵抗します。それが、人種間の差別になり、時には血が流れるような悲惨な出来事に発展したりすることもあるのです。

これこそが、制度の上での「平等」の矛盾であるといえましょう。Civil Rights Act、公民権法はこうした矛盾を埋める接着剤の役割を果たすための、強力な規定として制定されたのです。

 ## ライスペーパー・シーリングの克服を

現在のアメリカでは、先に説明したアファーマティブ・アクションの例も示す通り、マイノリティ、すなわち少数派の移民や住民の権利に対して、様々な議論が展開されています。

日本の会社でも、マイノリティからの訴訟に苦しめられたケースはかなり多くあります。ある商社では、フィリピン系のアメリカ人とインド系のアメリカ人とが、自分たちが昇進できないのは、自分たちが日本人ではないからだとして、職場での人種差別を理由にその会社を訴え、会社が多額の和解金を支払ったケースもありました。

あるいは、二人の白人女性が、中国系の女性が昇進できたのに、自分たちが昇進できなかったのは、日本の会社がアジア系を優遇しているからだという訴訟が日系の銀行で起きたケースもあったのです。

これをEqual Employment Opportunity Lawに照らして、未然に防ぐためには、職場の中での日々の活動にもメスをいれてゆかな

ければなりません。より人々が前向きでエネルギーのある会社であれば、訴訟のような不幸なできごとは少なくなるはずです。

　まず、仕事場では常に相手に対し、フィードバックを怠らないようにしましょう。日本の阿吽の呼吸は海外では通じません。言葉に出して、相手に感謝するときは感謝し、注意するときも、ネガティブに相手を責めるのではなく、よいところは認めながら建設的に話をすることが大切です。常に相手とフランクにコミュニケーションをし、マメに意見を交換してゆくことで、人間的な距離も縮めてゆくことが大切です。

　そして忘れてはならないことは、例え地位が異なっても人間としては平等であるという原則を常に心に刻んでおくことです。

　日本人に比べ、アメリカ人は仕事や会議での姿勢はカジュアル。上下関係はあっても平気で相手をファーストネームで呼び合い、コミュニケーションを行います。また、例え部下だといっても、自分に向けられた注意が理不尽だと思われるときは、アメリカでは上司に向かってしっかりと抗議します。

　人としては平等である以上、そうした場合でも感情的にならず、じっくりと話し合い、モチベーションを維持するように努めなければなりません。英語力ではなく、いかに相手と建設的なコミュニケーションができるかというノウハウの方が、求められるのです。

　人間として平等である以上、様々なコミュニケーションの現場では、よりお互いにカジュアルに意見を交換し、思っていることを率直に述べてゆこうという考え方は、今ではアメリカのオフィスでの常識となっているのです。

　また、日本人だけがマネージャーとしてアメリカに送られてくることへの現地の反発も十分に考慮する必要があるようです。これを俗に

ライスペーパー・シーリングと呼ぶ人がいるほどです。

　もともと、特定の人だけが会社の上層部を独占するために、一般の人の昇進の機会が妨げられることを、頭の上にガラスがあって、そこから上には登れないことから、グラス・シーリングと呼ぶのですが、日本の企業の場合は、その言葉から転じて、ガラスの代わりに和紙を比喩に使い、ライスペーパー・シーリングといって批判されているのです。

　現地の人にできるだけ権限を与え、まかせてゆく構造改革が急がれます。もちろん、法的に言うならば、日本の企業がアメリカに投資する場合に、現地のオフィスに日本人のマネージャーを派遣することには何ら問題はありません。同様に、アメリカの企業も日本で同じことを行っていることも事実です。しかし、それも程度の問題というわけなのです。

　どの段階で権限を委譲し、現地の人に業務を任せてゆくかというガイドラインをしっかりと造ってゆくことが求められるのです。

　今なお、多くの日系企業では、重要なポジションのほとんどが日本人で占められていて、現地の人に権限を充分に与えていません。また、社内での女性の昇進やマイノリティの雇用を暗黙の了解のもとに控えているケースもかなりあるようです。また、同じ日本人であっても、現地で採用された日本人やアメリカの市民権をもつ日系人は、英語ができる便利屋さんとして使われているだけのケースも多く見受けられます。

　Equal Employment Opportunityの原則を尊重する意味からも、アメリカ流の仕事の仕方を理解し、相手の能力を過小評価せずに、あえてチャンスを与え、新しい機会にチャレンジすることを奨励するような職場環境を創造しなければなりません。

仮に、残念なことに一部の社員の成績が悪く、社内での行動にも問題がある場合は、即座にその人を解雇するのではなく、十分に警告を与え、改善を求め、それでも相手が応えてくれなかった時のみ解雇に踏み切るといった手順をしっかりと積むノウハウの習得も必要です。

　このように、人を人種とか性別で判断せず、その人個人の資質で判断して、採用や昇進を行い、適宜フィードバックを行って、現地の人に責任を与えてゆくようなシステムを完備すれば、悲しい訴訟などを防げるのみならず、職場での業務効率も大きく改善されるというわけなのです。

　また、企業イメージという面から見ても、マイノリティや女性に対して積極的に門戸を開いておくことがいかに大切かということは、アメリカで生活していれば実感できるはずなのです。

 ## まずは建設的な職場環境を

　企業がセクハラや職場での差別などを理由に訴訟を起こされる理由の一つに、Hostile Environment ホスタイル・エンバラメントというのがあります。これは、実際にセクハラ行為がなかったとしても、オフィスのなかで女性が差別されるような言動があったり、日本人だけが重要な決裁を行い、情報を一般の従業員に開示せずにかたまっていたりしているなどといったことから、職場でのenvironment、すなわち職場の雰囲気が働きづらい環境になっているということを示す言葉です。

　ホスタイル・エンバラメントが従業員などによって証明されれば、それは会社を訴える十分な理由となるでしょう。

「いやそんなことを言ってもね、アメリカ人だって女性についての ジョークを言ったりしているよ」

以前私にこのようにコメントした人がいますが、問題はそれがいつ どこで、どんな状態でやっているかということです。つまりTPOの 問題なのです。日本人は、アメリカの常識にかなったジョークを言う べき適切な場やタイミング、そして表現方法を知らずに、よくこうし たコメントをしますが、これは大変危険なことだと思った方がよいで しょう。

実際、ジョークはできるだけ慎重にしたいものです。一例をあげれ ば、よく日本人は「うちのかみさんは怖くてね。それに料理もひどい んだ」などと言って、冗談のつもりで自らの奥さんをこのように卑下 したりすることがあります。

これを職場など公の場所で話した場合、ジョークとしては通りませ ん。まず、それは多くのアメリカ人からみれば、女性は家の中にいて 料理を作るものということを規定している考え方です。

さらにアメリカでは、家族や部下という「内」にいる人間を卑下す ることを謙遜とはとらず侮辱と解釈します。家族のよい面、部下のよ いところを人前で強調する方が、人は好感をもってくれるはずなので す。

仮にこのジョークを数人のアメリカ人の前で語った場合、あの三菱 自動車のケースのように、日本人が女性を使用人のように思っている というステレオタイプをうみ、その証拠になることもあるかもしれな いのです。

ある意味で、ジョークで一番安全なのは、自らをネタにしたものか もしれません。また、ジョークはそれぞれの文化に起因して創造され るもので、文化が異なれば、ジョークが通じず誤解になることもある

という一面も、よく心得ておいて欲しいのです。

　話が少々横にそれましたが、職場でホスタイル・エンバラメントを作らないようにするには、まずはすべての人を平等に扱いながら、働いている人が職場に貢献していることを常に言葉で示し、相手のモチベーションへの配慮を怠らないことでしょう。

　一方、政治的な発言は、相手の政治的な立場が分からない以上は最初は差し控えた方が賢明です。むしろ、積極的にアメリカの従業員からアメリカの文化や政治を学ぶ姿勢で、その日の新聞などに書かれたことについて質問してみるほうがいいかもしれません。そうした積極的な対応が、アメリカ人との交流を促進し、ホスタイル・エンバラメントを解消するのです。

　なによりも、日米のビジネス文化の違いを認識することが、よい職場環境作りに貢献できる近道であることも、いまさら繰り返すまでもないことでしょう。

　要は過去の失敗だけにこだわったり、日本の慣習にこだわったりするのではなく、未来指向をもって新しい発想をどんどん取り入れ、それを積極的に推進する姿勢をもてばいいのです。

　では、どのようにアメリカ人社員をマネージしてゆけばよいのでしょうか。

　アメリカ人は、よく日本人の指示は曖昧だといいます。上司の背中を見て部下は学べといっても、文化が違えばそうはいきません。

　アメリカでは、初心者にはできるだけ細かい指示と指導を怠らず、上級者にはできるだけ独立した環境を与え、自らの決裁でビジネスが展開できるような環境を提供するという方法を、日本よりも徹底してゆきたいものです。

　そのためにも、常に相手と業務の進行状況についてチェックし合

い、日本の国内よりもはるかに頻繁に、お互いが正しい方向に向かっているか口にだして確認し合うことが大切です。

　目標はできるだけ具体的で、達成への道標が見えるものにします。とかく、曖昧なやりとりに終始しがちな日本的なコミュニケーションスタイルを改めて、はっきりとわかりやすい説明をしてゆく必要があるのです。

　こうした努力の積み重ねが、ホスタイル・エンバラメントを予防し、日本人がアメリカ人に対し偏見を持ち差別をしているという誤解を払拭してゆくのです。

　キング牧師のI Have a Dream の演説とは一見全く無関係に思えるこれらのこと。しかし、こうした職場環境が創造され、職場での人と人との対等なコミュニケーションが促進されたのは、いうまでもなく公民権運動以降のことなのです。そこで培われた新たなEqualityの常識が、就労常識を改善し、それに基づいて職場の環境が大きく変わっていった結果がここに記した日本企業が注意しなければならない点の背景にあるのです。

🇺🇸 キング牧師の遺伝子は Diversity という発想に進化する

　では、キング牧師の死後55年以上が経過した今、I Have a Dream の演説の理想を語るとき、日々の生活や職場で人々はどのような価値観を意識しているのでしょうか。

　そのとき引き合いにだされるのが、Diversity という価値観です。Diversity は、多様性という意味の言葉です。

　それは、多様な価値観を認め合い、その多様なパワーで社会を進化

させてゆこうという考え方です。

　アメリカは移民によって成り立っている国です。キング牧師が活動していた頃は、まだヨーロッパ系の移民が社会の過半を占めていました。しかし、70年代から80年代にかけて、韓国や中国、さらにインドや東南アジア各地からの移民がアメリカに押し寄せます。加えて、アメリカの東海岸、南部、そしてカリフォルニアを中心にカリブや南米からの人々の人口も増えてゆきます。また、白人系の移民にしても、ロシアや東欧からの新たな移民の流入も一時話題になりました。

　この新たな移民の流入で、社会は大きく変化し、アメリカはますます多様な人の住む「人種の坩堝」へと変貌していったのです。

　そうした社会の変貌に伴って、職場や公の場所でも、より一層多様な人々に対していかに平等の原則を徹底させてゆくかというテーマが浮上してきています。

　その結果、Diversity Education、すなわち多様な価値をどのように共存させパワーにしてゆくかというテーマでの社員教育なども、積極的に推進されているのです。

　Diversityという考え方は、Equalityと共に、アメリカの職場では強く意識しなければならないものとなっているのです。

　あるカリフォルニアの小学校では、クラスにスペイン語を母国語とする人々が増えたため、授業にスペイン語を導入し、それを元々いた英語を母国語とする人々が新しい文化に触れるチャンスとして積極的に推進しているケースがあると聞きました。このような多様性への前向きな対応は、大統領選挙での大きなテーマにもなっているのです。

　文化が多様であれば、そこで培われる知恵も多様になり、より豊かでダイナミックな社会が創造できるという発想が、大統領選挙のあと

の就任演説などでも頻繁に説かれています。

　どちらかといえば、単一色の強い日本とは真逆な社会造りに、アメリカは取り組んでいるのです。

　もちろん、社会が多様になればなるほど、貧富の差、移民同士の争い、犯罪の増加、さらには新たな偏見というマイナスの課題もクローズアップされます。

　特にリーマンショック以来、アメリカ社会では持てる者とそうでない者との確執が鮮明になり、昔の価値へ時代を戻し、安定したアメリカを創造しようという新保守主義の動きも顕著になりました。

　そうした試練にさらされながらも、多様な社会をいかに進化させてゆくかが、現在のアメリカが直面する、そしてキング牧師のDreamを実現させるための大きな課題になっているのです。

Appendix

Martin Luther King, Jr., and "I Have a Dream"

The United States has not always been a freedom-loving country. Even in modern times, discrimination and segregation have been practiced on a wide scale for decades, particularly in the Southern States. African Americans were not allowed to eat in the same restaurants as whites, not allowed to make use of the same restrooms, ride in the same section of the bus, attend the same schools, possess equal voting rights, or receive the same wages as whites.

All this discrimination, segregation, inequality, and repression was the aftermath of slavery, which had ostensibly been brought to an end with the freeing of the slaves by Abraham Lincoln in 1862. But Southern white supremacists fought hard to keep black people under their thumb and maintain their position of predominance, through laws, regulations, and customs.

「私には夢がある」
キング牧師のスピーチの背景

　アメリカ合衆国内では、常に自由が保証されてきた訳ではない。事実、ここ数十年を遡ってみても、国中で沢山の人が、人種差別やその差別による待遇の違いに苦しんでおり、とくに南部では不平等な扱いを受けるケースが多い。かつてアフリカ系アメリカ人は、白人と同じレストランで食事をすること、同じ化粧室を使用すること、同じ車輌に乗ること、同じ学校に通うこと、同じように参政権を持つこと、同じ賃金を受け取ること、すべてを許されていなかった。

　エイブラハム・リンカーンによって1862年に命じられた奴隷解放宣言は表面的なものに過ぎなかった。この宣言によって、アフリカ系アメリカ人は人種差別や差別による待遇の違いや不平等な扱いを受けたり、抑圧が行われたりし始めたのである。南部の白人至上主義者は、法律や規則、また慣習など、あらゆる手を駆使して色々な方面から黒人を自らの支配下に置いたのだ。

Of course, black Americans were not satisfied with this grim state of affairs; nor were their white sympathizers. Black clergymen were particularly active in striving to rectify the situation, though without conspicuous success.

Then, in 1955, a black woman in Montgomery, Alabama, refused to give up her seat to a white man when all the seats designated for white use had become full, as was required by Alabama segregation laws. This led to a black boycott of Montgomery buses that lasted 385 days and resulted in a court decision ending racial segregation on all Montgomery public buses. One of the leaders of this boycott was Martin Luther King, Jr., who spent two weeks in jail during this period rather than pay a fine, and whose house was bombed. His role in the boycott transformed him into a national figure and spokesman for the civil rights movement.

Martin Luther King, Jr., was the son of a Baptist minister. Overcoming doubts in his teens about the Christian faith, King skipped several grades in high school to enter Morehouse College at the age of 15. After graduating with a bachelor's degree in sociology,

黒人はもちろんのこと、彼らに同情する白人も、アフリカ系アメリカ人が置かれていた悲惨な状況から目を背けることはできなかった。この状態を善導しようと活発的に、かつ、人目につかないように表面下で動いていたのが黒人の牧師である。

　1955年にアラバマのモンゴメリーで、黒人の女性が白人の男性にバス席を譲ることを拒否する、という事件が起こった。当時のアラバマの人種分離法では、白人専用席が満席になった場合は黒人が自分の席を譲らなければならない、と定められていたのである。この女性が逮捕されたことが因となって、結果的に385日続くことになるモンゴメリーのバス会社に対する黒人のボイコットが勃発し、ついには、モンゴメリー内での公共バスで行われていた人種分離を停止すると、裁判所が宣言するまでに至った。このボイコット運動を先導した牧師の一人がキング牧師であり、キング牧師はこの抗議運動期間中に罰金を払うことを拒んだため刑務所に送られ、また、自宅が爆破されている。指導者として中心的役割を担っていた彼は、抗議運動が成功したことにより、公民権運動の象徴、また代弁者となっていった。

　バプテスト教会の牧師の息子として生まれたマーティン・ルーサー・キング・ジュニアは、十代の頃にキリスト教への信仰が揺らぐことがありつつも、結局は信仰心を確固たるものにした人物である。高校で飛び級をして、15歳で入学したモアハウス大学で社会学の学士号を取得したキング牧師は、1951年

he received a bachelor of divinity degree from Crozer Theological Seminary in 1951, and in 1955, after marriage, a PhD in systematic theology from Boston University.

What was King's reaction to the inhumane, degrading, abusive treatment of his fellow black Americans? He could have chosen to answer violence with violence, as many black activists later did. But King had found sympathetic spirits in Mahatma Gandhi, Henry David Thoreau, and others who chose non-violence as the best means of achieving freedom and equality. Using such methods, King thereafter took part in civil rights movements in Albany, Georgia, and Birmingham, Alabama, and elsewhere.

In 1963 a number of black civil rights groups organized a demonstration in Washington, DC, to dramatize the plight of African American people in the South and to call for an end to segregation in public schools, for equality in employment, meaningful civil rights legislation, and the protection of civil rights workers from police brutality. This would come to be known as the March on Washington for Jobs and Freedom, which was in part intended to demonstrate mass support

にクローザー神学校で宗教学士号、結婚後の1955年にボストン大学で組織神学の博士号を取得した。

　自分と同じアフリカ系アメリカ人が、非人道的で暴力的な扱いを受けていたことを、キング牧師はどのように思っていたのだろうか。後に沢山の黒人活動家が実行したように、暴力には暴力で応えることもできたはずであるが、それよりもキング牧師は、自由平等な社会を勝ち取るために非暴力的措置を選んだマハトマ・ガンジーやヘンリー・デイヴィッド・ソロー等に共感し、彼もまた非暴力的に、ジョージア州アルバニーやアラバマ州バーミンガムなどで公民権運動を進めたのである。

　1963年、ワシントンDCで沢山の黒人の公民権運動活動家が集まってグループを成し、大規模なデモを行った。目的は、南部のアフリカ系アメリカ人の苦境を明らかにすること、公立の学校での人種分離の撤廃、平等な雇用機会の獲得、有意義な公民権法の制定、警察官による公民権運動活動者への暴力からの保護を訴えること、そして、ケネディ政権に対して、公民権法が広く支持されていることを知らせ、公民権法を成立させることであった。このデモが後にワシントン大行進と呼ばれるようになったものであり、当日には、リンカーン記念塔前の階段で

for the civil rights legislation then being proposed by President Kennedy. Some 250,000 people gathered that day to hear 18 speakers deliver addresses from the steps of the Lincoln Memorial. King was the 16th to speak.

In his 17-minute speech King referred to the American ideals represented by the Declaration of Independence, the Constitution, and the Emancipation Proclamation, and he spoke of the abject failure of the American people and the American government to live up to these ideals. He spoke of the need for black Americans not to fall prey to the violence of despair but to uphold the non-violence of hope.

Toward the end of the speech, King departed from his main text and began to speak of his hopes for future racial harmony in the United States, repeating the phrase "I have a dream." This is the most famous portion of the speech and the part that would go down in history. The speech is considered one of the greatest pieces of American public speaking of the 20th century. "I have a dream," and the March on Washington, helped bring civil rights to the forefront of American politics and lent a hand in the passage of the Civil Rights Act of 1964.

行われる18人の演説者のスピーチを聞こうとおよそ25万人が集結した。キング牧師は16番目であった。

17分間のスピーチの中でキング牧師は、独立宣言や憲法や奴隷解放宣言が掲げる理想と、アメリカ国民と政府がその理想を現実のものとするために犯してきた卑屈な失敗を明らかにした上で、暴力行為を伴う反撃に絶望的に走って犠牲になるのではなく、非暴力的な抗議への希望を持つ必要性を黒人に対して訴えた。

演説も終盤に差しかかってくると、序盤に語っていた現実のことから少し距離を置き、キング牧師は"私には夢がある"というフレーズを繰り返し用いて、アメリカ国内での人種間の調和に対する、自分自身の希望を語り始めた。この部分が彼の演説の中でも最も有名な部分であり、後世に語り継がれていくことになる。また彼のこの演説は、20世紀で最も優れたアメリカ国内の演説の一つだと言われている。このようにして、ワシントン大行進とキング牧師の演説が手助けとなって、公民権がアメリカの政治で真っ先に議論するべき議題になり、ついには1964年に公民権法が制定された。

King did not rest on his laurels, however, but continued to play a leading role in the civil rights movement. What is more, in 1965 he began to express doubts about the Vietnam War, calling the United States "the greatest purveyor of violence in the world today." This did not sit well with many of his erstwhile friends. *The Washington Post* wrote that he "has diminished his usefulness to his cause, his country, his people." Another paper said that King sounded like a "script from Radio Hanoi."

In 1968 King visited Memphis, Tennessee, to support black sanitation workers on strike for higher wages. He had been subjected to threats of various sorts, and his plane to Memphis had been delayed by the threat of a bomb. On April 4 he was spending the night at a local motel when, out on the balcony, he was shot and killed by a sniper whose identity remains in dispute.

In a speech the day before, King had said in reference to the threats against his life, "What would happen to me from some of our sick white brothers? Well, I don't know what will happen now. We've got some difficult days ahead. But it doesn't matter with me now. Because I've been to the mountaintop."

キング牧師はこの勝利に安心することはせず、公民権運動の指導者として中心的な役割を果たしつづけ、1965年には、ベトナム戦争の開戦に対して疑問を呈し、アメリカ合衆国を"今日で最も組織的に大きい暴力の運び屋"と称した。だが、彼のこの見解はかつての友人との意見の食い違いに発展し、ワシントンポスト紙は彼の"抗議運動、国そして支持者への影響力が減った"とし、また、他紙では、キング牧師が"ハノイラジオの脚本"のように聞こえたと書いた。

　1968年にキング牧師は黒人清掃員による高賃金要求ストライキを支援しに、テネシーのメンフィスを訪れた。この頃多種の脅しをキング牧師は受けており、メンフィス行きの飛行機も、爆破のおそれがあると遅延されている。4月4日の夜、地元のモーテルのバルコニーにいたところ、凶弾に倒れ、犯人のスナイパーは未だ分からずのままである。

　演説の前日にキング牧師は脅迫に関してこのように語っている。「おかしな白人の同志が私に何をするかって？　それは私には分からない。この先は、困難な日々が待っている。でも私には関係ない。なぜなら、私はもう頂点に到達したのだから」

The Declaration of Independence

IN CONGRESS, July 4, 1776.

When in the Course of human events, it becomes necessary for one people to dissolve the political bands which have connected them with another, and to assume among the powers of the earth, the separate and equal station to which the Laws of Nature and of Nature's God entitle them, a decent respect to the opinions of mankind requires that they should declare the causes which impel them to the separation.

We hold these truths to be self-evident, that all men are created equal, that they are endowed by their Creator with certain unalienable Rights, that among these are Life, Liberty and the pursuit of Happiness.—That to secure these rights, Governments are instituted among Men, deriving their just powers from the consent of the governed, —That whenever any Form of Government becomes destructive of these ends, it is the Right of the People to alter or to abolish it, and to institute new Government, laying its foundation on such principles and organizing its powers in such form, as to them shall seem most likely

独立宣言

1776年7月4日
アメリカ議会

　人類の歴史上、人々が他と自らを結びつけてきた政治的絆を断ち切り、この世において、自然法と神によって与えられる独立平等の地位を占める必要が生じたとき、人類の意見に真摯(しんし)に対応するために、その国の人々が分離する道を選ばざるを得なくなった理由を、述べなければならない。

　我々は、以下の事実を自明の理と信じる。すべての人間は生まれながらにして平等であり、それは創造主によって、与えられている不可侵の権利であるということを。その権利は生命、自由、および幸福を追求する権利である。これらの権利を保持するために、人々は政府を創り、統治される者の合意に基づいて権力を行使する。そして、いかなる政府であれ、政府がこれらの目的から離脱したときは、人々はその政府を改造または廃止し、その本来の目的にかなった、人々の安全と幸福をもたらすことに最も適したと思われる形式に従って、新たな政府を樹立する権利を有するのである。むろん、長きにわたって存在してきた政府を、軽率なる一時的理由によって変革すべきではないことは、思慮深く考えれば当然のこと

to effect their Safety and Happiness. Prudence, indeed, will dictate that Governments long established should not be changed for light and transient causes; and accordingly all experience hath shewn, that mankind are more disposed to suffer, while evils are sufferable, than to right themselves by abolishing the forms to which they are accustomed. But when a long train of abuses and usurpations, pursuing invariably the same Object evinces a design to reduce them under absolute Despotism, it is their right, it is their duty, to throw off such Government, and to provide new Guards for their future security.—Such has been the patient sufferance of these Colonies; and such is now the necessity which constrains them to alter their former Systems of Government. The history of the present King of Great Britain is a history of repeated injuries and usurpations, all having in direct object the establishment of an absolute Tyranny over these States. To prove this, let Facts be submitted to a candid world.

He has refused his Assent to Laws, the most wholesome and necessary for the public good.

He has forbidden his Governors to pass Laws of immediate and pressing importance, unless suspended in their operation till his Assent should be obtained; and when so suspended, he has utterly neglected to attend to them.

である。よって経験が示す通り、人々は、慣れ親しんだ政治形態を廃止することなく、害悪に耐えることができるのであれば、忍ぼうとする。しかし、虐待と簒奪が、長期にわたり、絶対的な専制政治により、間断なくその目的のもとに人々を位置づけようとしていることが明らかなときは、そのような政府を捨て去り、未来の安全のために新たな庇護を供給することは、人類の権利であり義務である。我々植民地が受けてきた苦難は、まさにそうしたものであり、それ故に、その必要性によって、これまでの政府と制度を変革することに迫られているのである。現英国王の治世は、度重なる不当と侵害の治世の歴史であり、そのすべてが、我々が暮らす地方地方に対する専制の確立を直接の目的としたものであった。それを証明するために、以下の事実をここにあえて世界に向けて提示する。

国王は、公益のために最も有益かつ必要な法律の裁可を拒んできた。

国王は緊急かつ切迫した必要性によって提起された法律の成立を認めず、植民地総督をして国王の裁可が得られるまでその施行を保留させ、その上で法の裁可を完全に放棄した。

He has refused to pass other Laws for the accommodation of large districts of people, unless those people would relinquish the right of Representation in the Legislature, a right inestimable to them and formidable to tyrants only.

He has called together legislative bodies at places unusual, uncomfortable, and distant from the depository of their public Records, for the sole purpose of fatiguing them into compliance with his measures.

He has dissolved Representative Houses repeatedly, for opposing with manly firmness his invasions on the rights of the people.

He has refused for a long time, after such dissolutions, to cause others to be elected; whereby the Legislative powers, incapable of Annihilation, have returned to the People at large for their exercise; the State remaining in the mean time exposed to all the dangers of invasion from without, and convulsions within.

He has endeavoured to prevent the population of these States; for that purpose obstructing the Laws for Naturalization of Foreigners; refusing to pass others to encourage their migrations hither, and raising the conditions of new Appropriations of Lands.

He has obstructed the Administration of Justice,

国王は広範な地域の人民のためにその他の法を通過させることを拒み、人々が本国の立法府に代表を送る権利を放棄するよう求めた。代表を送る権利は、人々にとってはかけがえのないものであるが、専制君主の側にとっては常軌を逸したものであった。

　国王は、立法府を普通ではない、不快な、記録の保管の上からも遠隔の地に召集した。疲弊させることで国王の施策に従わせんとするために。

　国王は、人々の権利への侵害に対し断固とした決意で抗議した代議院を、たびたび解散させた。

　国王は、そのような解散ののち、長きにわたって新たな代議員を選出させず、これにより、衰微してはならない立法権限は、人民全体にその行使が返還された。その間も我々は外からの侵略、内での騒乱といったあらゆる危険にさらされてきた。

　国王は諸邦の人口を抑制させようと、外国人の帰化に関する諸法の成立を妨害し、移民を促進する他の諸法の通過を拒み、新たな土地を割り当てるための資金的条件を高騰させた。

　国王は司法権を確立させる法律への裁可を拒否し、法

by refusing his Assent to Laws for establishing Judiciary powers.

He has made Judges dependent on his Will alone, for the tenure of their offices, and the amount and payment of their salaries.

He has erected a multitude of New Offices, and sent hither swarms of Officers to harrass our people, and eat out their substance.

He has kept among us, in times of peace, Standing Armies without the Consent of our legislatures.

He has affected to render the Military independent of and superior to the Civil power.

He has combined with others to subject us to a jurisdiction foreign to our constitution, and unacknowledged by our laws; giving his Assent to their Acts of pretended Legislation:

For Quartering large bodies of armed troops among us:

For protecting them, by a mock Trial, from punishment for any Murders which they should commit on the Inhabitants of these States:

For cutting off our Trade with all parts of the world:

For imposing Taxes on us without our Consent:

For depriving us in many cases, of the

の執行を妨害した。

国王は判事を、その任期、そして報酬やその支払いについて、自らの意志にのみ従わせた。

国王はおびただしい官職を新設し、官吏の大群を送り込み、我々を苦しめ、我々の物資をむさぼった。

国王は平時においも、我々の立法府の同意なく、我々の間に常備軍を駐留させた。

国王は、軍を独立させ、我々市民の上においた。

国王は、本国の議会と共謀し、我々を我々とは異質の法の権限のもとにおくべく、本来の権能とはかけ離れた立法府によって、下記を目的とした諸法を採択した。

　　　我々の間に大規模な軍を宿営させる

　　　軍を擁護するため、兵士が我々諸邦の住民を殺戮しても、みせかけの裁判によって免責する

　　　世界各地との通商を遮断する

　　　我々が国政に参加できないまま、税を課する
　　　多くの場合において裁判における陪審員制度の恩

benefits of Trial by Jury:

For transporting us beyond Seas to be tried for pretended offences

For abolishing the free System of English Laws in a neighbouring Province, establishing therein an Arbitrary government, and enlarging its Boundaries so as to render it at once an example and fit instrument for introducing the same absolute rule into these Colonies:

For taking away our Charters, abolishing our most valuable Laws, and altering fundamentally the Forms of our Governments:

For suspending our own Legislatures, and declaring themselves invested with power to legislate for us in all cases whatsoever.

He has abdicated Government here, by declaring us out of his Protection and waging War against us.

He has plundered our seas, ravaged our Coasts, burnt our towns, and destroyed the lives of our people.

He is at this time transporting large Armies of foreign Mercenaries to compleat the works of death, desolation and tyranny, already begun with circumstances of Cruelty & perfidy scarcely paralleled in the most barbarous ages, and totally unworthy the Head of a civilized nation.

恵を奪う

　罪状をねつ造して我々を海の向こうへ移送して裁く

　隣接する植民地にて英国法の自由な体制を廃し、専横的な政府を樹立し、その境界を広げることにより、我々の住む植民地にも同様の支配を導入すべくそれを先例として活用しようとする

　我々の特権を奪取し、我々の貴い法を廃し、我々の政府の形態を根本的に変更する

　国王は、我々の立法権を停止し、全ての状況において我々に代わる立法権を本国政府が保有すると宣言した。

　国王は我々を国王の保護の外にあると宣言し、我々に対して戦争をしかけ、我々植民地の政府を放棄した。
　国王は、我々の海を収奪し、沿岸を略奪し、町を焼き、人々の命を奪った。

　国王は今も外国人傭兵の大軍を送りこみ、最も野蛮な時代にさえ類のない、文明国の元首の名に値しない残虐さと不誠実をもって、死と荒廃、そして専制を全うしようとしている。

He has constrained our fellow Citizens taken Captive on the high Seas to bear Arms against their Country, to become the executioners of their friends and Brethren, or to fall themselves by their Hands.

He has excited domestic insurrections amongst us, and has endeavoured to bring on the inhabitants of our frontiers, the merciless Indian Savages, whose known rule of warfare, is an undistinguished destruction of all ages, sexes and conditions.

In every stage of these Oppressions We have Petitioned for Redress in the most humble terms: Our repeated Petitions have been answered only by repeated injury. A Prince whose character is thus marked by every act which may define a Tyrant, is unfit to be the ruler of a free people.

Nor have We been wanting in attentions to our Brittish brethren. We have warned them from time to time of attempts by their legislature to extend an unwarrantable jurisdiction over us. We have reminded them of the circumstances of our emigration and settlement here. We have appealed to their native justice and magnanimity, and we have conjured them by the ties of our common kindred to disavow these usurpations, which, would inevitably interrupt our connections and correspondence. They too have been

国王は、公海にて捕らえられた我が同胞たる市民に対し、彼らの故国に対して武器を取らせ、友人や兄弟を処刑させ、もしそれに同意しなければ、自らが命を絶つよう強要している。

　国王は、我々の間に内乱を起こし、辺境の居住者に対し、年齢、性別、そして様々な状況を顧みもせず戦争をしかけてくる野蛮なるインディアンをけしかけようとした。

　こうした圧政のあらゆる段階で、我々は最も謙虚な言葉をもってその改善を請願してきた。しかし、請願は、度重なる侮辱となり我々に返ってきた。よって、しかるべき君主は専制君主として定義され、自由を求める民衆の統治者たるには不適当である。

　我々は英国の同胞へも注意喚起してきた。時に応じてイギリスの立法府が不当な法を我々に押し付けようとしてきたことを警告してきた。我々が祖国を離れ、この地に入植してきた背景を想起させてきた。我々はイギリスの同胞の生来の正義心と寛大なる意識に訴え、共通の親族として、我々との絆と親交を絶ち切ることになることが明白な、これらの権利侵害を否とすべく懇願してきた。しかし、同胞らもまた、正義と血縁の声に耳を傾けなかった。よって我々は分離を宣言せざるをえず、祖国の同胞は他の人類と同様に戦時にあっては敵、平時にあっては友とみなさざるをえないのである。

deaf to the voice of justice and of consanguinity. We must, therefore, acquiesce in the necessity, which denounces our Separation, and hold them, as we hold the rest of mankind, Enemies in War, in Peace Friends.

We, therefore, the Representatives of the united States of America, in General Congress, Assembled, appealing to the Supreme Judge of the world for the rectitude of our intentions, do, in the Name, and by Authority of the good People of these Colonies, solemnly publish and declare, That these United Colonies are, and of Right ought to be Free and Independent States; that they are Absolved from all Allegiance to the British Crown, and that all political connection between them and the State of Great Britain, is and ought to be totally dissolved; and that as Free and Independent States, they have full Power to levy War, conclude Peace, contract Alliances, establish Commerce, and to do all other Acts and Things which Independent States may of right do. And for the support of this Declaration, with a firm reliance on the protection of divine Providence, we mutually pledge to each other our Lives, our Fortunes and our sacred Honor.

よって、我々アメリカにある諸連邦の代表はその会議に集い、この世の至上なる審判者に対し、その意思の正当性を訴え、これら植民地のよき市民の名と権威において、我ら植民地連合は自由にして独立した国家であり、英国王室への忠誠と、大英帝国との政治的なつながりを放棄し、それらを完全に解消せざるを得ず、自由かつ独立した国家として、戦争をし、講和を締結し、同盟関係を樹立し、通商を開き、その他独立国家としての当然の権利とみなされる全ての行為を実行できる全ての権限を有するものであることを、ここに宣言する。そして、この宣言の証に、神の強いご加護の元、我らは相互にその生命、財産、そして神聖なる名誉を捧げあうことを、盟約する。

21世紀とキング牧師

　キング牧師の公民権運動は、常に暴力を否定したものでした。しかし、21世紀にはいってそうした暴力を否定する余裕が人々の間から奪い去られようとしています。

　2001年9月11日にアメリカで起きた同時多発テロを発端に、その被害への**報復** *retaliation* がはじまり、アフガニスタンやイラクの政権が崩壊しました。しかし、政権が崩壊した地域では根強い反米感情が残り、さらに過激なテロ活動が続きました。

　さらに世界では、経済力をつけた中国とアメリカの**対立** *confrontation* も鮮明化しました。アメリカは中国を**人権** *human rights* を**抑圧** *oppression* する**権威主義** *authoritarianism* の国家として非難を続け、**経済制裁** *economic sanctions* を強化します。それに対して中国は強く反発。両国の緊張は、そのまま我々の住む日本周辺の緊張へとつながりました。武力に対して武力で対抗しようとする**軍拡競争** *the arms race* が再びはじまろうとしているのです。

　世界が緊張することで、各地で人々の意見が対立し、社会の分断が起こりました。アフリカや中東の政治的な混乱によって**難民** *refugee* がヨーロッパに押し寄せ、そうした人々を受け入れるかどうかで**世論** *public opinion* が沸騰しました。アメリカでも中南米からの経済難民が押し寄せ、**移民** *immigrant* を受け入れるかどうかで人々が対立しています。中南米からアメリカの国境を越えようとする人々を**不法移民** *illegal immigrant* として追い出すべきだという人と、そうではなく彼らを**移民希望者**

undocumented immigrant として扱うべきだという人の立場は、大きな政治的な論争にまで発展しました。

　こうした対立の背景には、社会での**経済格差** *economic polarization* や、それによる教育や医療の場などでの**格差** *gap* があることを忘れてはなりません。21世紀は、こうした格差に揺れる国内問題と、アメリカを中心とする**自由主義国家** *liberal countries* と、それに対立する中国やロシアなどの国家による**二極化** *polarization* が起きているのです。

　この緊張に煽られるように、政治の世界でも様々なことが起こりました。有権者を心地良い言葉で煽動し、SNSなどを巧みに使って権力の座を狙う**ポピュリズム** *populism* の横行に警鐘を鳴らす声も世界各地でみられました。アメリカのトランプ氏、ブラジルのボルソナーロ氏などが大統領になると、こうした**危機感** *sense of crisis* が社会をさらに分断させます。21世紀は、人々の心からキング牧師が唱えてきた人種や意見の対立を超えた融和について考える余裕を奪おうとしているようです。

　2020年にコロナの**大流行** *pandemic* が人々の社会活動を一年以上抑えこみました。そうしたときに、ロシアが西側諸国との関係強化を進めるウクライナに侵攻し、世界を震撼させました。また、長年にわたるパレスチナ難民とイスラエルの対立が2023年になってイスラエルのガザ地区への侵攻によって本格的な戦争へと拡大しました。**非暴力** *nonviolence* のスローガンはどこかに置き忘れられたかのように、人々はお互いへの**憎悪** *hatred* を募らせ、それが暴力の**悪循環** *vicious circle* となって世界を巻き込もうとしています。

今、大切なことは**共感** *empathy* という意識を取り戻すことです。ものごとの**結果** *result* のみで過敏に反応するのではなく、その**原因** *cause* を手繰り寄せ、何が対立を生んだのか相手の立場になって考えてみることが大切です。**排他的** *exclusive* でない社会のことを、英語で**インクルーシブな社会** *inclusive society* といいます。このインクルーシブという言葉は組織のマネージメントなどでも、様々な意見を受け入れながらチームワークを育ててゆくときによく使われます。**異なること** *difference* を認め合い、そこからより強い**相乗効果** *synergy* という化学反応を起こしていこうという意識が芽生えたのは、実は21世初頭のことでした。実際、会社などの組織の中では、**性別や性に対する課題** *gender issue* について公平に対応しよういう意識が定着しつつあります。また、人種や国籍などで人を差別しないことも常識となりつつあります。AIなどの進化によって、**価値観** *values* もますます多様になりつつあります。この**多様性** *diversity* への**柔軟性** *tolerance* が強調されるようになったのもこの30年のことです。こうした動きがありながら、同時に世界中で社会混乱、国際政治での対立が先鋭化しているのが現在社会の**矛盾** *contradiction* なのです。

　21世紀は、ここに解説した矛盾をどのように解決し、同時にAIやコンピューターネットワークの進化による**個人情報** *personal information* の保護、**サイバーテロ** *cyber terrorism* などにいかに対応し、機械と人間の**共存** *coexistence* を図ってゆくかというテーマを突きつけられた時代であるといえましょう。インドのマハトマ・ガンジー、南アフリカのネルソン・マンデラ、そしてア

メリカのマーティン・ルーサー・キングは、非暴力によって社会を変革しようとしてきた共通の価値観に支えられた人々です。その理想 *ideal* を21世紀を生きる我々がどのように受け継いでゆくべきかが問われています。彼らが20世紀の偉人として、だんだん過去の人になろうとするなか、その思いを繋いでゆく努力が極めて大切です。キング牧師の I have a Dream! の叫びが、これからも人々の耳に残り続けることを祈りたいものです。

　以下に、キング牧師が語った言葉の中でも特に現在への問いかけとなるのではと思われる格言を紹介します。

Darkness cannot drive out darkness; only light can do that. Hate cannot drive out hate; only love can do that.

闇は闇を追い払うことはできません。それができるのは光だけなのです。同じように、憎しみは憎しみを追い払うことはできません。それができるのは愛の力だけなのです。

（1963年出版のキング牧師の著作 *Strength to Love* から引用）

We must learn to live together as brothers or perish together as fools.

我々は兄弟として共に生きる方法を学ばなければ、お互いに愚かにも滅んでゆくでしょう。

（1960年代の公民権運動中の演説でキング牧師が発したとされる言葉）

Man must evolve for all human conflict a method which reject revenge, aggression and retaliation. The foundation of such method is love.

人は、この世のすべての争いを、仕返し、攻撃、そして報復という方法を捨て去って進化しなければなりません。その根本となるのは「愛」という方途なのです。

(1964年12月10日にノルウェーのオスロで行われた
ノーベル平和賞受賞スピーチの言葉)

Nonviolence means avoiding not only external physical violence but also internal violence of spirit. You not only refuse to shoot a man, but you refuse to hate him.

非暴力とは、体による外的な暴力を避けることだけではありません。心の中の暴力も捨て去るのです。人を撃ち殺すことをやめるだけではなく、その人を憎むことをやめるのです。

(このキング牧師の非暴力と愛の重要性という一貫したメッセージは、多くの演説や説教で繰り返し述べられている)

We must develop and maintain the capacity to forgive. He who is devoid of the power to forgive is devoid of the power to love. There is some good in the worst of us and some evil in the best of us. When we discover this, we are less prone to hate our enemies.

私たちはゆるす力を養い、それを持ち続けなければなりません。ゆるす力のない人は、愛する力を持つことができないのです。とてもひどいものの中にも、どこかに善があり、とても良いことの中にも、どこかに悪が潜んでいます。このことを発見すれば、敵を憎みにくくなるはずでしょう。

(牧師としての職務の一環として行った説教のひとつからきている。このテーマは、著書、説教、公民権運動中の公の演説などいたる所で見られる)

Life's most persistent and urgent question is, 'What are you doing for others?'

人生で最も本質的で常に問われていること、それは「あなたは他人のために何をしているのか」ということです。

（他者への奉仕の重要性はキング牧師の特定の演説や文書に結びついているわけではないが、彼の教えと活動をよく表している）

Freedom is never voluntarily given by the oppressor; It must be demanded by the oppressed.

自由は、決して抑圧をする者からは与えられません、それは抑圧されるものが要求しない限り与えられないのです。

（1963年に出版した *Why We Can't Wait*（邦題『バーミンガム監獄からの手紙』）からの引用。手紙は、1963年4月16日、アラバマ州で人種隔離に対する非暴力活動に参加したことで逮捕され、留置場に監禁されている時に書かれた）

The ultimate tragedy is not the oppression and cruelty by the bad people but the silence over that by the good people.

最も悲しいことは、悪しき人によって虐げられ、苦しめられることではないのです。良き人々が黙っていることなのです。

（1968年に発表された *The Trumpet of Conscience* からの引用。キング牧師は、不正義に対して声を上げない人々に、沈黙を守るのではなく、立ち向かうよう呼びかけた）

We may have all come on different ships, but we are in the same boat now.

我々はいろいろな船に乗ってここにやってきたのでしょう。しかし、我々は今同じ船に乗っているのです。

（キング牧師が生涯を通じて明言した、誰にとっても公平で公正な社会を作るために連帯と集団の努力が必要であるというテーマを凝縮した言葉として知られている）

今、世界で起きているありとあらゆる争いをみるとき、キング牧師の言葉は決して歴史上の名言ではないことが、これでおわかりになったでしょう。

【equality】

平等　独立宣言から公民権運動を経て現在に至る社会変革の根本
にある考え。

All men are created equal.　全ての人は平等に創造されている。

【rights】

（さまざまな）権利　人が当然のこととして所有し、共有し、主張
できるもの。

Civil Rights Act　公民権

【freedom】

自由　Equality と共に、独立宣言以来のアメリカ社会の根本的な
発想。

【liberty】

自由　Freedom とほぼ同じ意味に使用されるが、正式には「国家
や権力の束縛から解放される」という意味での自由をいう。

Liberal Democratic Party　（日本の）自由民主党
Liberal は、より人権などに配慮した進歩的な考え方を示す形容詞

【happiness】

幸福　独立宣言の主旨にもあるように、幸福を追求する権利は最

も大切にしなければならない個々の権利であると考えられている。

The pursuit of happiness　幸福の追求

【 opportunity 】

機会　機会を平等に与えることが真の平等。特にアメリカのビジネス文化はこの Opportunity に対して敏感で、それがビジネス上のモチベーションの原点になる。

Equal Employment Opportunity　雇用機会均等

【 diversity 】

多様性　人種や民族の違いをはじめ、そこで培われてきた文化やものの考え方の違いなど、多様で多彩な価値観が混在する世界で、お互いの違いを尊重し、その力を結集することでさらに強い社会を造ってゆこうという考え方をこのことばで表現する。

Diversity education　文化の多様性についての教育

【 discrimination 】

差別　公民権法が禁じる人を差別する行為を Discrimination という。日本人がアメリカで仕事をするに当たって、公民権法で特に知っておかなければならないことは、その第7編（Title VII）。そこに、職場や公的機関での差別を禁止する条項が盛り込まれている。

Title VII prohibits employment discrimination based on race, color, religion, sex and national origin.
第7編では、雇用において、肌の色、宗教、性別、出身国などを理由としての差別を禁止しています。

注：ここでいう差別とは、単に雇用だけではなく、昇進、昇級、職業訓練、解雇など職場でのほとんど全ての業務行為の中での差別のこと。

【prejudice】

偏見　偏見が具体的な行為や言葉、そして制度としてあらわれたものが差別 Discrimination となる。

【law】

法律　公民権法は法律で、これを破る行為 Unlawful practice は処罰の対象になる。地方分権を国是とするアメリカでは連邦政府 Federal Government と地方政府 Local Government とが別々に法律を制定し、時にはその 2 つが矛盾することもある。公民権法の運用方法についても、州によってそれぞれ異なる規定があることを知っておくことも大切だ。

Legal or illegal　合法か違法か
裁判や法的な措置について話をするときは、legal という形容詞がよく使われる。

【empathy】

共鳴　少数者や移民などの立場や思いに対する共感を指すときに使用する。

Let's have empathy for the people from abroad.
海外から来た人への共感をもとう。

【ethnic】

民族　ethnic diversity は民族の多様性を、また ethnic culture はそれぞれの民族の文化を意味する。

【gap】

格差　最近社会の問題としてクローズアップされている「格差」を示すときに使われる。gap を克服することが、人と人との平等へとつながる。

【gender】

性別　性の平等などを示すときに使用される。transgenderなど、性への意識と身体との差異を示す言葉などの語源としても知っておきたい。

【harassment】

ハラスメント　元々はいやがらせのことで、性的差別や職場などで人を侮辱したり、威圧したりする行為として使用される。

【immigrant】

移民　特にアメリカやヨーロッパでは移民への平等な対応のあり方をめぐって、論争が続いている。

【justice】

正義　裁判などでの判断を示す言葉として、差別などの違法行為を裁くときに裁判所などで法律用語として使用される。

【minority】

少数者　民主主義社会で人を平等に扱うときに、その社会で多数を占める人種に対して海外からの移民などを含め、少数的な立場の人を示すときに使用する。議会などでは議席の過半をもたない党のことなども指す。

【political correctness】

ポリティカル・コレクトネス　人を平等に扱うために、意図的に使用しないようになった言葉などがあり、そうした現象を示すときに使用する。例えば、Business manはmanが男性を示すことから、平等の原則に沿って、Business personと言うことが好まれるようになった。こうした社会の進歩に沿った表現の変化を示す言葉。

【respect】

尊敬 敬意を表すことを意味する言葉。そこから発展して、相手の立場を尊重することを意味する。Please show respect. といえば、「ちゃんと私のことを（他の人と同じように）認めてよ」という意味になる。

Word List

A
B
C
D
E
F
G
H
I
J
K
L
M
N
O
P
Q
R
S
T
U
V
W
X
Y
Z

この Word List には、本書の英文テキストに使われている、中学校レベル以外の単語が掲載されています。

・語形が規則変化する語の見出しは原形で示しています。不規則変化語は本文中で使われている形になっています。

・一般的な意味を紹介していますので、一部の語で本文で実際に使われている品詞や意味と合っていないことがあります。

・品詞は以下のように示しています。

名 名詞	代 代名詞	形 形容詞	副 副詞	動 動詞	助 助動詞
前 前置詞	接 接続詞	間 間投詞	冠 冠詞	略 略語	俗 俗語
熟 熟語	頭 接頭語	尾 接尾語	記 記号	関 関係代名詞	

A

☐ **abdicate** 動 (権利・責任・責務などを) 放棄する

☐ **abject** 形 悲惨な, 惨めな

☐ **abolish** 動 廃止する, 撤廃する

☐ **Abraham Lincoln** エイブラハム・リンカーン《アメリカ合衆国第16代大統領, 1861-1865》

☐ **abridge** 動 短縮する, 削減する

☐ **absolute** 形 ①完全な, 絶対の ②無条件の ③確実な

☐ **absolve** 動 (人を義務などから) 免除する, 解放する

☐ **abuse** 名 虐待, 悪用, 乱用

☐ **abusive** 形 不正な, 虐待的な

☐ **accommodation** 名 便宜, 助け

☐ **accordingly** 副 ①それに応じて, 適宜に ②従って, (~と) いうわけだから

☐ **account** 熟 on account of ～のため, ～の理由で

☐ **accustom** 動《- to ～》～に慣れさせる

☐ **achieve** 動 成し遂げる, 達成する, 成功を収める

☐ **acquiesce** 動 (同意できないことに) 嫌々従う

☐ **act** 名 ①行為, 行い ②法律, 決議 Civil Rights Act 公民権法

☐ **active** 形 ①活動的な ②積極的な

☐ **activist** 名 活動家, 実践主義者

☐ **address** 名 演説

☐ **administration** 名 管理, 統治, 政権

☐ **affair** 名 事柄, 出来事 state of affairs 事態, 状態, 状況

☐ **affect** 動 ふりをする

☐ **African American** アフリカ系アメリカ人, 黒人

A
B
C
D
E
F
G
H
I
J
K
L
M
N
O
P
Q
R
S
T
U
V
W
X
Y
Z

☐ **aftermath** 名 (事件などの) 余波, 影響

☐ **again and again** 何度も繰り返して

☐ **age** 熟 at the age of 〜歳のときに

☐ **aggression** 名 侵略, 攻撃

☐ **ahead** 熟 have got some difficult days ahead (主語に) 困難な未来が待ち受けている

☐ **Alabama** 名 アラバマ州《米国南部の州》

☐ **Albany** 名 アルバニー《ジョージア州南西部の市》

☐ **Alleghenies, the** 名 アレゲーニー山脈

☐ **allegiance** 名 (君主への) 忠誠, 献身

☐ **alliance** 名 同盟

☐ **allow** 動 許す

☐ **almighty** 名《the A-》全能者, 神

☐ **alter** 動 (部分的に) 変える, 変わる

☐ **always** 熟 not always 必ずしも〜であるとは限らない

☐ **America** 名 アメリカ《国名・大陸》

☐ **American** 形 アメリカ (人) の 名 アメリカ人

☐ **amongst** 前 の間に [を・で]

☐ **amount** 名 量, 額

☐ **and so** そこで, それだから, それで

☐ **annihilation** 名 全滅, 絶滅

☐ **apartheid** 名 アパルトヘイト, 隔離政策《南アフリカ共和国の黒人に対する白人の人種差別政策; 1991年廃止》

☐ **appeal** 動 求める, 訴える

☐ **appropriation** 名 割り当て

☐ **arbitrary** 形 任意の

☐ **architect** 名 建築家, 設計者

☐ **armed** 形 武装した, 武器を持った

☐ **arms** 熟 arms race 軍備競争 bear arms 武器を持つ, 武装する

☐ **army** 名 軍隊

☐ **as** 熟 同じくらい as long as 〜する以上は, 〜である限りは as to 〜に関しては, 〜については, 〜に応じて as usual いつものように, 相変わらず as well as 〜と同様に so as to 〜するように, 〜するために

☐ **assemble** 動 集める, 集まる

☐ **assent** 名 同意, 賛成

☐ **assume** 動 ①仮定する, 当然のことと思う ②引き受ける

☐ **attempt** 名 試み, 企て, 努力

☐ **attend** 動 ①出席する ②世話をする, 仕える ③伴う ④《 – to 〜》〜に注意を払う, 専念する, 〜の世話をする

☐ **attention** 名 ①注意, 集中 ②配慮, 手当て, 世話

☐ **authoritarianism** 名 権威主義

☐ **authority** 名 権威, 権力, 権限

☐ **avoid** 動 避ける, (〜を) しないようにする

☐ **awakening** 名 目覚め, 気付くこと

B

☐ **bachelor** 名 学士 bachelor of divinity degree 宗教学士号 bachelor's degree 学士号

☐ **back** 熟 go back to 〜に帰る [戻る] turn back 後戻りする

☐ **bad check** 不渡り小切手

☐ **balcony** 名 ①バルコニー ②桟敷, 階上席

☐ **band** 名 きずな, 関係

□ **bankrupt** 形破産した, 支払い能力のない

□ **Baptist** 形バプテスト派の

□ **barbarous** 形野蛮な, 未開の

□ **basic** 形基礎の, 基本の

□ **battered** 形こわれた, ボロボロの

□ **beacon** 名灯台, 水路[航路]標識 beacon light 標識灯

□ **bear arms** 武器を持つ, 武装する

□ **beginning** 名初め, 始まり

□ **benefit** 名利益, 恩恵

□ **beyond** 前～を越えて, ～の向こうに

□ **Birmingham** 名バーミンガム《アラバマ州の最大都市》

□ **bitterness** 名①苦さ ②うらみ, 敵意

□ **blow** 動(風が)吹く, (風が) ～を吹き飛ばす blow off 吹き飛ばす

□ **bomb** 名爆弾, 爆発物 動爆発する

□ **Boston Univercity** ボストン大学《米国の私立大学》

□ **bound** 形縛られた, 束縛された be bound to きっと～する, ～する義務がある

□ **boundary** 名境界線, 限界

□ **boycott** 名ボイコット, 不買運動, 集団排斥

□ **brethren** 名同胞

□ **bring to an end** 終わらせる, ピリオドを打つ

□ **Britain** 名大ブリテン(島)

□ **British** 形イギリス(人)の

□ **Brittish** 形British (イギリス(人)の)の表記ゆれ

□ **brotherhood** 名兄弟の間柄

□ **brutality** 名残酷さ, 残忍さ, 野蛮

□ **burnt** 動burn (燃える)の過去, 過去分詞

C

□ **California** 名カリフォルニア《米国西部の州》

□ **call for** ～を求める, 訴える

□ **call together** 呼び集める, 集合する

□ **candid** 形率直な, ありのままの

□ **capacity** 名定員, 容量

□ **capital** 名首都

□ **captive** 形捕らわれた, 捕虜の

□ **captivity** 名監禁, 束縛, 捕らわれの身

□ **cash** 動現金で支払う, 換金する cash a check 小切手を換金する

□ **Catholic** 名カトリック教徒

□ **cell** 名小室, 独房

□ **certain** 形①確実な, 必ず～する ②(人が)確信した ③ある ④いくらかの

□ **character** 名①特性, 個性 ②品性, 人格

□ **charter** 名勅許状, 認可状

□ **check** 名小切手 bad check 不渡り小切手 cash a check 小切手を換金する

□ **Christian** 形キリスト(教)の

□ **circumstance** 名①(周囲の)事情, 状況, 環境 ②《-s》(人の)境遇, 生活状態

□ **citizen** 名①市民, 国民 ②住民, 民間人

□ **citizenship** 名公民権, 市民権

□ **civil** 形①一般人の, 民間(人)の

②国内の, 国家の

- [ ] **civil rights** 公民権 Civil Rights Act 公民権法 civil rights legislation 公民権法 civil-rights movement 公民権運動
- [ ] **civilized** 形 文明化した
- [ ] **clergyman** 名 聖職者, 牧師
- [ ] **coast** 名 海岸, 沿岸
- [ ] **coexistence** 名 共存, 共生
- [ ] **colony** 名 植民 [移民] (地)
- [ ] **Colorado** コロラド州《米国西部の州》
- [ ] **colored** 形〈人種が〉有色の, 黒人の
- [ ] **combine** 動 結合する [させる]
- [ ] **come back** 戻る
- [ ] **come out of** 〜から出てくる
- [ ] **commerce** 名 商業, 貿易
- [ ] **commit** 動 (罪などを) 犯す
- [ ] **community** 名 団体, 共同社会, 地域社会
- [ ] **compleat** 動 complete (完了する) の表記ゆれ
- [ ] **compliance** 名 従順さ
- [ ] **concerned** 形 関係している
- [ ] **conclude** 動 結ぶ
- [ ] **condition** 名 ① (健康) 状態, 境遇 ②《-s》状況, 様子 ③条件
- [ ] **conduct** 動 行う, 実施する
- [ ] **conflict** 名 争い, 対立
- [ ] **confrontation** 名 対立
- [ ] **congress** 名 ①会議, 大会 ②《C-》(米国などの) 国会, 議会
- [ ] **conjure** 動 (魔法のように) 作り出す
- [ ] **connect** 動 つながる, つなぐ, 関係づける

- [ ] **connection** 名 ①つながり, 関係 ②縁故
- [ ] **consanguinity** 名 血縁関係
- [ ] **consent** 名 同意, 承諾, 許可
- [ ] **consider** 動 (〜と) みなす
- [ ] **conspicuous** 形 人目を引く, 目立つ
- [ ] **constitution** 名 憲法, 規約
- [ ] **constrain** 動 制限する, 抑制する, 強制する
- [ ] **content** 名 中身, 内容 形 満足して
- [ ] **contract** 動 契約する
- [ ] **contradiction** 名 矛盾
- [ ] **convict** 動 有罪と宣告する
- [ ] **convulsion** 名 動乱
- [ ] **cool off** 冷やす, 冷ます, 冷静にさせる
- [ ] **correspondence** 名 通信, 手紙
- [ ] **could have done** 〜だったかもしれない《仮定法》
- [ ] **course** 熟 of course もちろん, 当然
- [ ] **court** 名 法廷, 裁判所
- [ ] **create** 動 創造する, 生み出す
- [ ] **creative** 形 独創的な
- [ ] **creator** 名 創作者, 創造者, 神
- [ ] **creed** 名 ① (宗教上の) 信条 ②信条, 信念
- [ ] **cripple** 動 〜を活動不能にする, 無能にする
- [ ] **crooked** 形 湾曲した, 曲がった
- [ ] **crown** 名 ①冠 ②《the – 》王位
- [ ] **Crozer Theological Seminary** クローザー神学校《ペンシルベニア州》
- [ ] **cruelty** 名 残酷さ, 残酷な行為 [言動・言葉]

□ **curvaceous** 形曲線美の

□ **cut off** 切断する, 切り離す

□ **cyber terrorism** サイバーテロ (リズム)

D

□ **darkness** 名暗さ, 暗やみ

□ **day** 熟 have got some difficult days ahead (主語に) 困難な未来が待ち受けている　one day (未来の) いつか

□ **daybreak** 名夜明け

□ **deaf** 形耳が聞こえない

□ **death** 名①死, 死ぬこと　②《the – 》終えん, 消滅

□ **decade** 名10年間

□ **decent** 形①きちんとした, 礼儀正しい, 上品な　②まあまあの

□ **decision** 名判決

□ **declaration** 名①宣言, 布告　②告知, 発表

□ **Declaration of Independence, the** アメリカ独立宣言

□ **declare** 動①宣言する　②断言する

□ **decree** 名命令, 布告, 判決

□ **deed** 名行為, 行動

□ **Deep South** (米国の) 深南部, ディープサウス《米国南部の保守的な地域のこと》

□ **deeply** 副深く, 非常に

□ **default** 動 (義務・債務などを) 怠る

□ **define** 動定義する

□ **degenerate** 動退化する [させる], 悪化する [させる]

□ **degrading** 形下劣な

□ **degree** 名階級, 位, 身分　bachelor of divinity degree 宗教学士号　bachelor's degree 学士号

□ **delay** 動遅らせる, 延期する

□ **deliver** 動伝える

□ **demand** 動①要求する, 尋ねる　②必要とする

□ **democracy** 名民主主義, 民主政治

□ **demonstrate** 動デモをする

□ **demonstration** 名デモ, 示威運動

□ **denounce** 動非難する, 告発する

□ **deny** 動否定する, 拒む

□ **depart** 動 (常道などから) はずれる　depart from ～から離れる [それる・逸脱する]

□ **dependent** 形頼っている, ～次第である

□ **depository** 名保管場所

□ **deprive** 動奪う, 取り上げる

□ **design** 名デザイン, 設計 (図)

□ **designate** 動示す

□ **desolate** 形荒廃した, 住む人のいない

□ **desolation** 名荒廃, 荒れ地

□ **despair** 名絶望, 自暴自棄

□ **despotism** 名専制 (政治)

□ **destiny** 名運命, 宿命

□ **destroy** 動破壊する

□ **destruction** 名破壊 (行為・状態)

□ **destructive** 形破壊的な, 有害な

□ **develop** 動①発達する [させる]　②開発する

□ **devoid** 形欠けている, 欠いている

□ **devotee** 名 (熱心な) 支持者

- [ ] **dictate** 動 書き取らせる, 口述する
- [ ] **difficulty** 名 ①むずかしさ ②難局, 支障, 苦情, 異議 ③《-ties》財政困難
- [ ] **dignity** 名 威厳, 品位, 尊さ, 敬意
- [ ] **diminish** 動 減らす, 減少する, 小さくする
- [ ] **direct** 形 まっすぐな, 直接の, 率直な, 露骨な
- [ ] **disavow** 動 (責任, 関与などを) 否定する
- [ ] **discipline** 名 規律
- [ ] **discontent** 名 不平, 不満
- [ ] **discord** 名 不一致, 不調和
- [ ] **discrimination** 名 差別
- [ ] **disposed** 形 傾向がある
- [ ] **dispute** 名 論争, 議論
- [ ] **dissolution** 名 (議会・団体・組合などの) 解散
- [ ] **dissolve** 動 (組織・議会などを) 解散する
- [ ] **distant** 形 ①遠い, 隔たった ②よそよそしい, 距離のある
- [ ] **district** 名 ①地方, 地域 ②行政区
- [ ] **distrust** 名 不信, 疑惑
- [ ] **diversity** 名 多様性
- [ ] **divine** 形 神聖な, 神の
- [ ] **divinity** 名 神性, 神格, 神
  bachelor of divinity degree 宗教学士号
- [ ] **domestic** 形 国内の, 自国の
- [ ] **doubt** 名 疑い express doubts about ～に疑念を呈する [表明する]
- [ ] **dramatize** 動 劇化する
- [ ] **drip** 動 したたる, (しずくを) たらす
- [ ] **drive out** 追い出す, 追い払う
- [ ] **drug** 名 薬 tranquilizing drug 精神安定剤, 鎮静薬

- [ ] **duly** 副 正当に, 正式に
- [ ] **duty** 名 ①義務 (感), 責任 ②職務, 任務

E

- [ ] **each other** お互いに
- [ ] **eat out** 食いつくす
- [ ] **economic polarization** 経済格差, 経済二極化
- [ ] **economic sanctions** 経済制裁
- [ ] **effect** 動 もたらす, 達成する
- [ ] **elect** 動 選ぶ, (～することに) 決める, 選挙する
- [ ] **elsewhere** 副 どこかほかの所で [へ]
- [ ] **emancipation** 名 (政治的・社会的な束縛や圧迫からの) 解放
- [ ] **Emancipation Proclamation, the** 奴隷解放宣言《米国第16代大統領エイブラハム・リンカーンによる。1862年宣言, 1863年公布》
- [ ] **emerge** 動 現れる, 浮かび上がる, 明らかになる
- [ ] **emigration** 名 移民すること
- [ ] **empathy** 名 共感
- [ ] **employment** 名 ①雇用 ②仕事, 職
- [ ] **encourage** 動 ①勇気づける ②促進する, 助長する
- [ ] **end** 熟 bring to an end 終わらせる, ピリオドを打つ
- [ ] **endeavour** 動 (何かを達成しようと) 努める
- [ ] **endow** 動 寄付する, 授ける, 寄与する

- [ ] **enemy** 名 敵
- [ ] **enforce** 動 実施する, 施行する
- [ ] **engage** 動 約束する
- [ ] **engulf** 動 包み込む, 巻き込む
- [ ] **enlarge** 動 ①大きくなる, 増大する ②拡大する, 増大させる
- [ ] **entitle** 動 資格[権利]を与える
- [ ] **equal** 形 等しい, 均等な, 平等な 名 同等のもの[人]
- [ ] **Equal Employment Opportunity** 雇用機会均等
  Equal Employment Opportunity Law 雇用機会均等法
- [ ] **equality** 名 平等, 等しいこと
- [ ] **erect** 動 ①直立させる ②建設する
- [ ] **erstwhile** 形 以前の, 昔の
- [ ] **establish** 動 確立する, 立証する, 設置[設立]する
- [ ] **established** 形 設置[設立・開設・創設]された
- [ ] **establishment** 名 ①確立, 設立, 発足 ②《the E-》体制
- [ ] **ethnic** 名 〔ある社会の文化的〕民族 (集団)の一員
- [ ] **even though** ～であるけれども, ～にもかかわらず
- [ ] **evidence** 動 ～を証拠だてる
- [ ] **evil** 形 ①邪悪な ②有害な, 不吉な
- [ ] **evince** 動 明らかにする, 明示する
- [ ] **evolve** 動 進化する[させる], 発展する[させる]
- [ ] **exalt** 動 高める
- [ ] **exclusive** 形 排他的な, 閉鎖的な
- [ ] **executioner** 名 死刑執行人
- [ ] **exercise** 名 ①運動, 体操 ②練習
- [ ] **exile** 名 追放(者), 亡命(者)
- [ ] **expose** 動 ①さらす, 露出する ②(秘密などを)暴露する
- [ ] **express** 動 表現する, 述べる
  express doubts about ～に疑念を呈する[表明する]
- [ ] **extend** 動 拡大する, (範囲が)および
- [ ] **external** 形 外部の, 外側の, 外国との

F

- [ ] **failure** 名 失敗
- [ ] **faith** 名 ①信念, 信仰 ②信頼, 信用
- [ ] **fall heir** 継承する
- [ ] **fall prey to** ～の犠牲になる
- [ ] **fatal** 形 致命的な
- [ ] **fatigue** 動 疲れる, 疲労する 名 疲労, 疲れ
- [ ] **federal government** 連邦政府
- [ ] **fellow** 名 ①仲間, 同僚 ②人, やつ 形 仲間の, 同士の
- [ ] **fierce** 形 どう猛な, 荒々しい
- [ ] **figure** 名 人[物]の姿, 形 national figure 全国的な有名人
- [ ] **firm** 形 堅い, しっかりした, 断固とした
- [ ] **firmness** 名 断固とした態度
- [ ] **fit** 形 適した, ふさわしい
- [ ] **flame** 名 炎
- [ ] **flesh** 名 肉, 《the -》肉体
- [ ] **fool** 名 ①ばか者, おろかな人 ②道化師
- [ ] **forbidden** 動 forbid (禁じる)の過去分詞
- [ ] **force** 名 力, 勢い
- [ ] **forefront** 名 最前部, 最前線, 第一線

- [ ] **foreigner** 名外国人, 外国製品
- [ ] **forgive** 動許す, 免除する
- [ ] **form** 名形, 形式
- [ ] **former** 形前の, 先の, 以前の
- [ ] **formidable** 形恐ろしい, 侮りがたい
- [ ] **fortune** 名①富, 財産 ②幸運, 繁栄, チャンス ③運命, 運勢
- [ ] **foundation** 名①建設, 創設 ②基礎, 土台
- [ ] **freedom** 名①自由 ②束縛がないこと
- [ ] **freedom-loving** 形自由を愛する
- [ ] **frontier** 名①国境, 辺境, フロンティア ②《-s》最先端
- [ ] **fund** 名資金, 財源 insufficient funds 残高不足
- [ ] **fundamentally** 副根本的に

G

- [ ] **gain** 動得る
- [ ] **gap** 名格差, 隔たり
- [ ] **gather** 動集まる
- [ ] **gender** 名性別 gender issue 性差別の問題
- [ ] **general** 形総~, ~長官
- [ ] **Gentile** 名非ユダヤ人
- [ ] **George Wallace** ジョージ・ウォレス《アメリカ合衆国の政治家。アラバマ州知事を4度務めた。人種隔離廃止政策や公民権運動に強く反対した。1919–1998》
- [ ] **Georgia** 名ジョージア州《米国南東部の州》
- [ ] **ghetto** 名スラム[貧民]街, ゲットー
- [ ] **give up** あきらめる, 引き渡す

- [ ] **glory** 名栄光, 名誉, 繁栄
- [ ] **go back to** ~に帰る[戻る]
- [ ] **go down in history** 歴史に残る
- [ ] **going to** 《be – 》~するつもりである
- [ ] **govern** 動治める, 管理する, 支配する
- [ ] **government** 名政治, 政府, 支配
- [ ] **governor** 名①知事 ②支配者,(学校・病院・官庁などの) 長
- [ ] **grade** 名学年
- [ ] **gradualism** 名（政策などの）漸進主義
- [ ] **graduate** 動卒業する
- [ ] **grant** 動①許可する, 承諾する ②授与する, 譲渡する
- [ ] **Great Britain** グレート・ブリテン
- [ ] **Great March on Washington, the** ワシントン大行進《= March on Washington for Jobs and Freedom》
- [ ] **grim** 形厳しい, 残酷な
- [ ] **guarantee** 動保証する, 請け合う
- [ ] **guard** 名①警戒, 見張り ②番人
- [ ] **guilty** 形有罪の

H

- [ ] **hallowed** 形神聖な
- [ ] **hamlet** 名小さな村, 部落
- [ ] **Hanoi** 名ハノイ《ベトナムの首都》
- [ ] **happiness** 名幸せ, 喜び
- [ ] **happy to** 《be – 》~してうれしい, 喜んで~する
- [ ] **harassment** 名ハラスメント, いやがらせ
- [ ] **harmony** 名調和, 一致, ハーモニ

□ **harrass** 動 harass（困らせる, 苦しめる）の表記ゆれ

□ **hate** 動嫌う, 憎む,（〜するのを）いやがる 名憎しみ

□ **hath** 動 have の直説法3人称単数・現在形

□ **hatred** 名憎しみ, 毛嫌い

□ **have** 熟 could have done 〜だったかもしれない《仮定法》 will have done 〜してしまっているだろう《未来進行形》

□ **head of** 〜の長

□ **heat** 名 ①熱, 暑さ ②熱気, 熱意, 激情

□ **height** 名高さ

□ **heighten** 動（物の高さが）高くなる

□ **heir** 名相続人, 後継者 fall heir 継承する

□ **Henry David Thoreau** ヘンリー・デイヴィッド・ソロー《アメリカの作家・思想家・詩人, 1817-1862》

□ **hew** 動（斧などで叩いて）切り取る hew out（石を）切り出す

□ **high plane** 高水準

□ **highway** 名幹線道路, ハイウェー

□ **hilltop** 名丘の頂上

□ **history** 熟 go down in history 歴史に残る

□ **hither** 副ここへ

□ **honor** 名名誉 動尊敬する, 栄誉を与える

□ **horror** 名 ①恐怖, ぞっとすること ②嫌悪

□ **Hostile Environment** 有害環境, 敵対的な環境

□ **however** 接けれども, だが

□ **human rights** 人権

□ **humble** 形つつましい, 粗末な

I

□ **ideal** 名理想, 究極の目標

□ **identity** 名本人であること

□ **illegal immigrant** 不法移民

□ **immediate** 形さっそくの, 即座の, 直接の

□ **immigrant** 名（外国からの）移民 illegal immigrant 不法移民 undocumented immigrant 移民希望者《illegal alien（不法入国者）の婉曲表現》

□ **immunity** 名免除

□ **impel** 動駆り立てる, 無理に〜させる

□ **importance** 名重要性, 大切さ

□ **impose** 動課す, 負わせる, 押しつける

□ **incapable** 形（〜が）できない, 無資格の

□ **inclusive** 形すべてを含んだ, 包括した

□ **indeed** 副 ①実際, 本当に ②《強意》まったく

□ **independence** 名独立心, 自立

□ **independent** 形独立した, 自立した

□ **Indian** 形（アメリカ）インディアンの

□ **inequality** 名不平等, 不均衡

□ **inestimable** 形計り知れない（ほど貴重な）

□ **inevitably** 副必然的に

- [ ] **inextricably** 副 切り離せないほどに，密接に
- [ ] **inhabitant** 名 居住者，住民
- [ ] **inhumane** 動 非人道的な，無慈悲な
- [ ] **injury** 名 ①けが ②侮辱，無礼
- [ ] **injustice** 名 不当，不正（行為）
- [ ] **insofar** 副 ～する限りにおいて
  insofar as ～する限りにおいて
- [ ] **instead** 副 その代わりに instead of ～の代わりに，～をしないで
- [ ] **institute** 動 制定する
- [ ] **instrument** 名 ①道具，器具，器械 ②手段
- [ ] **insufficient** 形 ①不十分な，不足して ②不適当な，能力のない
  insufficient funds 残高不足
- [ ] **insurrection** 名 反乱，暴動
- [ ] **intended** 形 目的とする
- [ ] **intention** 名 ①意図，（～する）つもり ②心構え
- [ ] **internal** 形 内部の，国内の，本質的な
- [ ] **interposition** 名 介入，干渉
- [ ] **interrupt** 動 さえぎる，妨害する，口をはさむ
- [ ] **invariably** 副 相変わらず，変わることなく
- [ ] **invasion** 名 侵略，侵害
- [ ] **invest** 動 投資する，（金・精力など を）注ぐ
- [ ] **invigorating** 形 爽快な，元気になる
- [ ] **involuntary** 形 不本意な，非自主的な，選択の余地がない
- [ ] **It is ～ of A to ...** Aが…するのは～だ

J

- [ ] **jail** 名 刑務所
- [ ] **jangling** 形 耳障りな音の
- [ ] **Jew** 名 ユダヤ人
- [ ] **Jim Crow** 《軽蔑》黒人《白人の舞台芸人トーマス・D・ライスが1828年にJump Jim Crowという曲をつくり，ショーで顔を黒く塗って黒人に扮して歌ったのが始まり》
- [ ] **joyous** 形 うれしい，喜びに満ちた
- [ ] **Jr.** 略 ～・ジュニア《親族で同姓同名の二人を区別するために名前の末尾に付加する語》
- [ ] **judge** 動 判決を下す，裁く，判断する，評価する 名 裁判官，判事，審査員
- [ ] **judiciary** 名 司法（制度）
- [ ] **Jump Jim Crow** ジャンプ・ジム・クロウ《1828年に白人の舞台芸人トーマス・D・ライスが黒人に扮して歌ったミンストレル・ショーの曲》
- [ ] **jurisdiction** 名 裁判権，司法権
- [ ] **jury** 名 陪審，陪審員団
- [ ] **justice** 名 ①公平，公正，正当，正義 ②司法，裁判（官）

K

- [ ] **Kennedy, President** （ジョン・F・）ケネディ《第35代アメリカ合衆国大統領，1917-1963》
- [ ] **kindred** 名 血縁，親族，同族
- [ ] **King** 名 （マーティン・ルーサー・）キング（・ジュニア）《アメリカ合衆国のプロテスタントバプテスト派の牧師，通称キング牧師，公民権運動の指導者として活動した。1929-1968》
- [ ] **KKK (Ku Klux Klan)** 略 クー・

クラックス・クラン《アメリカ合衆国の白人至上主義を唱える秘密結社》

- [ ] **known as** 《be – 》〜として知られている

- [ ] **languish** 動 衰える, しおれる
- [ ] **large** 熟 at large 全体として
- [ ] **last** 熟 at last ついに, とうとう
- [ ] **laurel** 名 ①月桂樹 ②月桂冠, 栄誉 rest on one's laurels 現在の栄光に満足する
- [ ] **law** 熟 segregation law 人種分離法
- [ ] **lay** 動 置く, 横たえる, 敷く
- [ ] **lead into** (ある場所)へ導く
- [ ] **lead to** 〜に至る, 〜を引き起こす
- [ ] **leading** 形 主要な, 指導的な, 先頭の leading role 主導的役割
- [ ] **led** 動 lead (導く)の過去, 過去分詞
- [ ] **legislate** 動 法律を制定する
- [ ] **legislation** 名 立法, 法律(制定) civil rights legislation 公民権法
- [ ] **legislative** 形 立法上の, 立法機関の
- [ ] **legislature** 名 立法府
- [ ] **legitimate** 形 合法の, 合法的な
- [ ] **lent** 動 lend (貸す)の過去, 過去分詞
- [ ] **less** 副 〜より少なく, 〜ほどでなく
- [ ] **let us** どうか私たちに〜させてください
- [ ] **levy** 動 (戦争を)始める, (宣戦を)布告する
- [ ] **liberal countries** 自由主義諸国
- [ ] **liberty** 名 自由, 解放

- [ ] **lift** 動 持ち上げる, 上がる
- [ ] **light** 熟 beacon light 標識灯
- [ ] **like** 熟 sound like 〜のように聞こえる
- [ ] **likely** 形 ①ありそうな, (〜)しそうな ②適当な
- [ ] **Lincoln Memorial, the** リンカーン記念館
- [ ] **lip** 名 唇,《-s》口
- [ ] **live on** 〜に依存して生活する
- [ ] **live out** (夢・理想などを)実現する, かなえる
- [ ] **live up to** (期待などに)そう
- [ ] **lodge** 動 泊まる, 泊める
- [ ] **lonely** 形 ①孤独な, 心さびしい ②ひっそりした, 人里離れた
- [ ] **long** 熟 as long as 〜する以上は, 〜である限りは
- [ ] **lookout** 名 ①見張り, 警戒 ②見込み
- [ ] **Lookout Mountain** ルックアウト山
- [ ] **Lord, the** 名 神
- [ ] **Louisiana** 名 ルイジアナ州《米国南部の州》
- [ ] **luxury** 名 豪華さ, 贅沢
- [ ] **Lyndon B. Johnson** リンドン・B・ジョンソン《アメリカ合衆国の政治家。同国第36代大統領。在任: 1963-1969》

- [ ] **magnanimity** 名 寛大
- [ ] **magnificent** 形 壮大な, 壮麗な, すばらしい
- [ ] **Mahatma Gandhi** マハトマ・

ガンディー《インド独立の父, 1869–1948》

- [ ] **main** 形 主な, 主要な
- [ ] **maintain** 動 維持する
- [ ] **majestic** 形 威厳のある, 堂々とした
- [ ] **make use of** 〜を利用する
- [ ] **manacle** 名 手錠, 手枷
- [ ] **mankind** 名 人類, 人間
- [ ] **manly** 形 ①男らしい, 断固とした ②男のような
- [ ] **March on Washington for Jobs and Freedom, the** 仕事と自由を求めるワシントンへの行進《ワシントン市で1963年8月28日に起きた, 黒人への差別撤廃を求めるデモ行進》
- [ ] **mark** 動 示す, 明らかにする
- [ ] **marked** 形 印のある, マークされた
- [ ] **marriage** 名 ①結婚(生活・式) ②結合, 融合, (吸収)合併
- [ ] **Martin Luther King, Jr.** マーティン・ルーサー・キング・ジュニア《アメリカ合衆国のプロテスタントバプテスト派の牧師, 通称キング牧師, 公民権運動の指導者として活動した。1929–1968》
- [ ] **marvelous** 形 驚くべき, 驚嘆すべき, すばらしい
- [ ] **mass** 形 大衆の, 多数の
- [ ] **material** 形 物質の material prosperity 物質的繁栄
- [ ] **matter** 熟 not matter 問題にならない
- [ ] **meaning** 名 ①意味, 趣旨 ②重要性
- [ ] **meaningful** 形 ①意味深長な, 意味ありげな ②有意義な, 重要な
- [ ] **means** 名 手段 means of 〜する手段

- [ ] **measure** 名 手段, 措置
- [ ] **meeting** 名 集まり, ミーティング
- [ ] **memorial** 形 記念の, 追悼の
- [ ] **Memphis** 名 メンフィス《テネシー州の西端にある都市》
- [ ] **mercenary** 名 (外国人の)雇い兵
- [ ] **merciless** 形 無慈悲な
- [ ] **method** 名 ①方法, 手段 ②秩序, 体系
- [ ] **midst** 名 真ん中, 中央
- [ ] **mighty** 形 強力な, 権勢のある
- [ ] **migration** 名 移住, 移動
- [ ] **militancy** 名 闘志
- [ ] **military** 名《the –》軍, 軍部
- [ ] **militia** 名 市民軍, 民兵
- [ ] **minister** 名 聖職者
- [ ] **-minute** 名 (時間の)分
- [ ] **Mississippi** 名 ミシシッピ州《米国南部の州》
- [ ] **mobility** 名 可動性
- [ ] **mock** 形 うわべの, まがいの, 模擬の
- [ ] **modern** 形 現代[近代]の, 現代的な, 最近の
- [ ] **molehill** 名 モグラ塚
- [ ] **moment** 名 ①瞬間, ちょっとの間 ②(特定の)時, 時期
- [ ] **momentous** 形 重大な, 由々しき
- [ ] **Montgomery** 名 モンゴメリー《アラバマ州にある都市》
- [ ] **Morehouse College** モアハウス大学《米国の名門私立男子大学, 設立時は黒人男子のための大学だった》
- [ ] **motel** 名 モーテル
- [ ] **mountainside** 名 山腹
- [ ] **mountaintop** 名 山頂

A B C D E F G H I J K L M N O P Q R S T U V W X Y Z

- [ ] **movement** 名 動き, 運動 civil-rights movement 公民権運動
- [ ] **multitude** 名 多数, 大勢
- [ ] **murder** 名 人殺し, 殺害, 殺人事件
- [ ] **mutually** 副 相互に, 互いに

N

- [ ] **narrow** 形 狭い
- [ ] **nation** 名 国, 国家,《the –》国民
- [ ] **Nation of Islam (NOI)** ネーション・オブ・イスラム《アメリカ合衆国におけるアフリカ系アメリカ人のイスラム運動組織》
- [ ] **national** 形 国家[国民]の, 全国の national figure 全国的な有名人 national origin 国籍
- [ ] **native** 形 ①出生(地)の, 自国の ②(〜に) 固有の, 生まれつきの, 天然の
- [ ] **Native American** アメリカ[北米]インディアン
- [ ] **naturalization** 名 帰化
- [ ] **naturalized** 形 帰化した
- [ ] **necessary** 形 必要な, 必然の
- [ ] **necessity** 名 必要, 不可欠, 必要品
- [ ] **neglect** 動 ①無視する, 怠る ②放置する, 軽視する
- [ ] **Negro** 名 黒人《歴史的文脈以外では蔑称》
- [ ] **Negro spiritual** 黒人霊歌《米国南部のアフリカ系アメリカ人(黒人)の共同体の中から誕生した固有の宗教歌》
- [ ] **neighbouring** 形 近隣の
- [ ] **neither** 形 どちらの〜も…でない 副《否定文に続いて》〜も…しない

neither 〜 nor … 〜も…もない

- [ ] **New Hampshire** ニューハンプシャー州《米国北東部の州》
- [ ] **New York** ニューヨーク《米国の都市；州》
- [ ] **Nineteen sixty-three** 1963年
- [ ] **nonviolence** 名 非暴力
- [ ] **non-violence** 名 非暴力
- [ ] **nor** 接 〜もまたない neither 〜 nor … 〜も…もない
- [ ] **northern** 形 北の, 北向きの, 北からの
- [ ] **not** 熟 not always 必ずしも〜であるとは限らない not 〜 but … 〜ではなくて… not matter 問題にならない not sit well with 〜にはしっくりこない
- [ ] **note** 名 手形 promissory note 約束手形
- [ ] **nullification** 名 無効化, 取り消し
- [ ] **number of**《a –》いくつかの〜, 多くの〜

O

- [ ] **oasis** 名 オアシス, 憩いの場
- [ ] **object** 名 ①物, 事物 ②目的物, 対象
- [ ] **obligation** 名 義務, (社会的) 責任
- [ ] **obstruct** 動 ふさぐ, 妨害する
- [ ] **obtain** 動 ①得る, 獲得する ②一般に通用している
- [ ] **obvious** 形 明らかな, 明白な
- [ ] **of course** もちろん, 当然
- [ ] **offence** 名 違反, 犯罪
- [ ] **officer** 名 役人, 公務員, 警察官
- [ ] **on account of** 〜のため, 〜の理由

で

- [ ] **once** 熟 at once すぐに, 同時に
- [ ] **one day**（未来の）いつか
- [ ] **operation** 名 ①操作, 作業, 動作 ②経営, 運営 ③作戦, 軍事行動
- [ ] **opportunity** 名 好機, 適当な時期 [状況]
- [ ] **oppose** 動 反対する, 敵対する
- [ ] **oppressed** 名 抑圧された人々
- [ ] **oppression** 名 圧迫, 抑圧, 重荷
- [ ] **oppressor** 名 迫害者
- [ ] **organize** 動 組織する
- [ ] **ostensibly** 副 うわべは, 表向きは
- [ ] **ought** 助《 – to ～》当然～すべきである, きっと～するはずである
- [ ] **out of** ～の範囲外に, ～から離れて
- [ ] **overcome** 動 勝つ, 打ち勝つ, 克服する
- [ ] **overlook** 動 見落とす,（チャンスなどを）逃す
- [ ] **owner** 名 持ち主, オーナー

P

- [ ] **palace** 名 宮殿, 大邸宅
- [ ] **pandemic** 名 パンデミック, 全国的 [世界的] な流行 (病)
- [ ] **parallel** 動 ①並行する, 匹敵する ②類似する
- [ ] **part** 熟 take part in ～に参加する
- [ ] **particularly** 副 特に, とりわけ
- [ ] **passage** 名 一節
- [ ] **path** 名 ①（踏まれてできた）小道, 歩道 ②進路, 通路
- [ ] **patient** 形 我慢 [忍耐] 強い, 根気のある

- [ ] **pay** 動 支払う, 払う
- [ ] **payment** 名 支払い, 払い込み
- [ ] **Pennsylvania** 名 ペンシルベニア州《米国北東部の州》
- [ ] **perfidy** 名 裏切り, 背信
- [ ] **period** 名 期間
- [ ] **perish** 動 滅びる, 死ぬ
- [ ] **persecution** 名 迫害, 虐待
- [ ] **persistent** 形 ①しつこい, 頑固な ②持続する, 永続的な
- [ ] **petition** 名 請願 (書), 嘆願
- [ ] **PhD** 略 博士号, 博士課程 (= Doctor of Philosophy)
- [ ] **phrase** 名 名言
- [ ] **physical** 形 身体の, 肉体の physical violence 肉体的な暴力
- [ ] **pilgrim** 名 ①巡礼者, 旅人 ②最初の移住者
- [ ] **plain** 形 平らな
- [ ] **plane** 熟 high plane 高水準
- [ ] **pledge** 動 誓約する [させる], 誓う, 保障する 名 誓約, 約束 make a pledge 誓う, 誓約する
- [ ] **plight** 名 苦境, 窮状
- [ ] **plunder** 動 略奪する, 不法占有する
- [ ] **polarization** 分極化, 格差の広がり economic polarization 経済格差, 経済二極化
- [ ] **political** 形 ①政治の, 政党の ②策略的な political correctness (人種・性別などの差別廃止の立場での) 政治的正当性
- [ ] **politics** 名 政治 (学), 政策
- [ ] **population** 名 人口, 住民 (数)
- [ ] **populism** 名 ポピュリズム, 大衆迎合主義
- [ ] **portion** 名 一部, 分け前

□ **position** 名 ①地位, 身分, 職 ②立場, 状況

□ **possess** 動 持つ, 所有する

□ **poverty** 名 貧乏, 貧困, 欠乏, 不足

□ **predominance** 名 優越, 優位

□ **presence** 名 存在すること

□ **President** 名 大統領

□ **pressing** 形 差し迫った, 緊急の

□ **pretended** 形 うわべだけの, 偽りの

□ **prevent** 動 ①妨げる, じゃまする ②予防する, 守る, 《 – ~ from …》~ が…できない[しない]ようにする

□ **previous** 形 以前の

□ **prey** 名 えじき, 犠牲, 食いもの fall prey to ~の犠牲になる

□ **pride** 名 誇り, 自慢, 自尊心

□ **prince** 名 王子, プリンス

□ **principle** 名 ①原理, 原則 ②道義, 正道

□ **privilege** 名 特権, (基本的人権による) 権利

□ **process** 名 ①過程, 経過, 進行 ②手順, 方法, 製法, 加工

□ **proclamation** 名 宣言

□ **prodigious** 形 巨大の, 桁はずれの

□ **prohibit** 動 禁止する

□ **promissory** 形 約束の

□ **promissory note** 約束手形

□ **prone** 形 ①うつ伏せの ②傾向がある, ~しがちの

□ **propose** 動 申し込む, 提案する

□ **prosperity** 名 繁栄, 繁盛, 成功 material prosperity 物質的繁栄

□ **protection** 名 保護, 保護するもの[人]

□ **protest** 名 抗議(書), 不服

□ **Protestant** 名 プロテスタント

□ **prove** 動 ①証明する ②(~である ことが) わかる, (~と) なる

□ **provide** 動 ①供給する, 用意する, (~に) 備える ②規定する

□ **providence** 名 神意, 神の導き

□ **province** 名 ①州, 省 ②地方, 田舎 ③範囲, 領域

□ **prudence** 名 慎重さ, 分別, 賢明さ

□ **public** 形 公の, 公開の public bus 公共バス public opinion 世論 public school 公立学校 public speaking 演説

□ **publish** 動 ①発表[公表]する ②出版[発行]する

□ **punishment** 名 ①罰, 処罰 ②罰を受けること

□ **pursue** 動 ①追う, つきまとう ②追求する, 従事する

□ **pursuit** 名 追跡, 追求

□ **purveyor** 名 提供者, 調達人

Q

□ **quarter** 動 宿営させる, 宿舎をあてがう

□ **quest** 名 追求, 探求, 冒険の旅

□ **quicksand** 名 流砂, 泥沼(の状況)

R

□ **racial** 形 人種の, 民族の racial segregation 人種分離

□ **racist** 名 人種差別主義者, 民族主義者

□ **radio** 名 ラジオ

□ **Radio Hanoi** ラジオ・ハノイ《ベト

ナム戦争当時の北ベトナム軍によるプロパガンダラジオ局》

- [ ] **raise** 動 ①上げる, 高める ②起こす ③~を育てる
- [ ] **rather** 副 ①むしろ, かえって ②かなり, いくぶん, やや ③それどころか逆に rather than ~よりむしろ
- [ ] **ravage** 動 (~を) 略奪する
- [ ] **reaction** 名 反応, 反動, 反抗, 影響
- [ ] **reality** 名 現実, 実在, 真実(性)
- [ ] **realize** 動 理解する, 実現する
- [ ] **record** 名 記録, 登録, 履歴
- [ ] **rectify** 動 是正する
- [ ] **rectitude** 名 正直さ, 清廉さ, 正しさ
- [ ] **redemptive** 形 贖罪の
- [ ] **redress** 名 (不正や損害などに対する) 補償, 救済, 矯正
- [ ] **reduce** 動 ①減じる ②しいて~させる, (~の) 状態にする
- [ ] **refer** 動《 – to ~》~に言及する
- [ ] **reference** 名 言及, 参照, 照会 in reference to ~に関して
- [ ] **refugee** 名 難民
- [ ] **refuse** 動 拒絶する, 断る
- [ ] **regulation** 名 規則, 規定, 規制
- [ ] **reject** 動 ①拒絶する, 断る ②(法案など) 否決する
- [ ] **reliance** 名 ①信頼, 信用 ②依存 ③頼りになる人
- [ ] **religion** 名 宗教
- [ ] **relinquish** 動 (所有物などを) 放棄する, 手放す
- [ ] **remain** 動 (~の) ままである[いる]
- [ ] **remaining** 形 残った, 残りの
- [ ] **remind** 動 思い出させる, 気づかせる

- [ ] **render** 動 (~を…に) する, 与える
- [ ] **repeat** 動 繰り返す
- [ ] **repeated** 形 繰り返された, 度重なる
- [ ] **repeatedly** 副 繰り返して, たびたび
- [ ] **represent** 動 ①表現する ②意味する
- [ ] **representation** 名 表現, 代表, 代理
- [ ] **representative** 名 ①代表(者), 代理人 ②代議士 ③典型, 見本 形 ①代表の, 代理の ②典型的な
- [ ] **repression** 名 (自由の) 抑圧
- [ ] **republic** 名 共和国
- [ ] **require** 動 ①必要とする, 要する ②命じる, 請求する
- [ ] **reside** 動 (長い期間) 住む
- [ ] **respect** 名 ①尊敬, 尊重 ②注意, 考慮
- [ ] **rest on one's laurels** 現在の栄光に満足する
- [ ] **restroom** 名 洗面所, トイレ
- [ ] **result** 動 (結果として) 起こる, 生じる, 結局~になる
- [ ] **retaliation** 名 仕返し, 報復
- [ ] **reveal** 動 明らかにする, 暴露する, もらす
- [ ] **revenge** 名 復讐
- [ ] **revolt** 動 そむく, 反乱を起こす
- [ ] **right** 熟 権利 civil rights 公民権 unalienable right 不可譲の権利 voting rights 投票権
- [ ] **righteousness** 名 廉直, 高潔, 公正, 正義
- [ ] **rightful** 形 正当な, 当然の
- [ ] **ring** 動 鳴る, 鳴らす

- [ ] **rob** 動 奪う, 金品を盗む, 襲う be robbed of 〜を奪われる
- [ ] **Rockies, the** 名 ロッキー山脈
- [ ] **role** 名 ①(劇などの)役 ②役割, 任務 leading role 主導的役割
- [ ] **roll** 動 転がる, 転がす roll down 転がり落ちる
- [ ] **rooted** 形 根を下ろした, 根深い be rooted in 〜に根ざしている
- [ ] **rough** 形 ①(手触りが)粗い ②荒々しい, 未加工の
- [ ] **rude** 形 粗野な, 無作法な, 失礼な
- [ ] **ruler** 名 支配者

S

- [ ] **sacred** 形 神聖な, 厳粛な
- [ ] **sadly** 副 悲しそうに, 不幸にも
- [ ] **safety** 名 安全, 無事, 確実
- [ ] **salary** 名 給料
- [ ] **sanitation** 名 公衆衛生 sanitation worker 清掃作業員
- [ ] **satisfied** 形 満足した be not satisfied with 〜に満足しない
- [ ] **satisfy** 動 満足させる, 納得させる
- [ ] **savage** 名 野蛮人
- [ ] **scale** 名 規模, 割合, 程度, スケール
- [ ] **scarcely** 副 かろうじて, やっと, まさか[ほとんど] 〜しない
- [ ] **school** 熟 high school 高校 public school 公立学校
- [ ] **score** 名 20の集まり five score years ago 100年前《5×20年前》
- [ ] **script** 名 台本, スクリプト
- [ ] **sear** 動 ①表面を焼く, 焦がす ②(記憶に)焼き付ける
- [ ] **secure** 動 ①安全にする ②確保する, 手に入れる
- [ ] **security** 名 安全(性), 安心, 保障
- [ ] **seek** 動 捜し求める, 求める
- [ ] **seem** 動 (〜に)見える, (〜のように)思われる
- [ ] **segregation** 名 分離, 隔離, 人種差別 racial segregation 人種分離 segregation law 人種分離法
- [ ] **self-evident** 形 自明の(理である)
- [ ] **self-hood** 名 自我
- [ ] **seminary** 名 神学校
- [ ] **sense** 名 意味 in a sense ある意味では sense of crisis 危機感
- [ ] **separate** 形 分かれた, 別れた, 別々の
- [ ] **separation** 名 分離(点), 離脱, 分類, 別離
- [ ] **servitude** 名 奴隷であること, 隷属
- [ ] **settlement** 名 ①定住, 入植地, 集落 ②合意, 解決, 清算
- [ ] **sex** 名 性, 性別, 男女
- [ ] **shadow** 名 影, 暗がり
- [ ] **shake** 動 ①振る, 揺れる, 揺さぶる, 震える ②動揺させる
- [ ] **shameful** 形 恥ずべき, 下品な
- [ ] **shewn** 動 show (示す, 見せる)の過去分詞形の古い綴り
- [ ] **silence** 名 沈黙, 無言, 静寂
- [ ] **sit** 熟 not sit well with 〜にはしっくりこない
- [ ] **situation** 名 状況, 境遇, 立場
- [ ] **skip** 動 (途中を)抜かす, 飛ばす
- [ ] **slave** 名 奴隷
- [ ] **slavery** 名 奴隷制度, 奴隷状態
- [ ] **slope** 名 坂, 斜面, 傾斜
- [ ] **slum** 名 《-s》スラム街

□ **sniper** 名狙撃者

□ **snow-capped** 形雪を頂いた

□ **so** 熟 and so そこで, それだから, それで so as to ～するように, ～するために

□ **society** 名社会, 世間

□ **sociology** 名社会学

□ **sole** 形唯一の, 単独の

□ **solemnly** 副まじめに, 厳粛に

□ **solid** 形①固体 [固形] の ②頑丈な ③信頼できる

□ **somehow** 副①どうにかこうにか, ともかく, 何とかして ②どういうわけか

□ **something** 代①ある物, 何か ②いくぶん, 多少

□ **sort** 名種類, 品質

□ **soul** 名①魂 ②精神, 心

□ **sound like** ～のように聞こえる

□ **South Carolina** サウスカロライナ州《米国南東部の州》

□ **southern** 形南の, 南向きの, 南からの

□ **Southern States** 南部諸州

□ **speak of** ～を口にする

□ **speaker** 名話す人, 演説者

□ **speaking** 名話すこと, 談話, 演説 public speaking 演説

□ **speed** 動急ぐ, 急がせる

□ **spirit** 名①霊 ②精神, 気力

□ **spiritual** 形精神の, 精神的な, 霊的な

□ **spokesman** 名スポークスマン, 代弁者

□ **spot** 名地点, 場所

□ **stage** 名①舞台 ②段階

□ **stagger** 動よろめく, ぐらつかせる

□ **stand up** 立ち上がる

□ **standing** 形常備の

□ **state** 名①あり様, 状態 ②国家, (アメリカなどの) 州 state of affairs 事態, 状態, 状況 動述べる, 表明する

□ **steam** 名蒸気, 湯気

□ **stone** 名①石, 小石 ②宝石

□ **Stone Mountain** ストーン・マウンテン《標高513mの山。世界最大の花崗岩の一枚岩》

□ **storm** 名嵐

□ **stream** 名①流れ ②風潮

□ **strike** 名ストライキ

□ **strip** 動裸にする, 脱衣する, はぐ, 取り去る

□ **strive** 動努める, 奮闘する

□ **struggle** 動もがく, 奮闘する 名もがき, 奮闘

□ **subjected to** 《be – 》～にさらされる

□ **submit** 動①服従する, 服従させる ②提出する

□ **substance** 名①物質, 物 ②実質, 中身, 内容

□ **success** 名成功, 幸運

□ **suffer** 動①(苦痛・損害などを) 受ける, こうむる ②(病気に) なる, 苦しむ, 悩む

□ **sufferable** 形耐えられる

□ **sufferance** 名苦難

□ **suffering** 名苦痛, 苦しみ, 苦難

□ **sunlit** 形太陽に照らされた

□ **superior** 形優れた, 優秀な, 上方の

□ **support** 名①支え, 支持 ②援助, 扶養 動①支える, 支持する ②養う, 援助する

□ **supremacist** 名至上主義者

white supremacist 白人至上主義者

- [ ] **supreme** 形 最高の, 究極の
- [ ] **suspend** 動 (法律などが) 一時的に停止される, 効力を失う
- [ ] **swarm** 名 群れ, 群集, 多数
- [ ] **sweltering** 形 うだるように暑い
- [ ] **symbolic** 形 象徴する, 象徴的な
- [ ] **sympathetic** 形 同情する, 思いやりのある
- [ ] **sympathizer** 名 共鳴者, 同調者
- [ ] **symphony** 名 ①交響楽, シンフォニー ②(音・色の) 調和
- [ ] **synergy** 名 シナジー, 相乗効果
- [ ] **systematic** 形 体系的な, 計画的な systematic theology 組織神学《キリスト教神学の一分野》

T

- [ ] **take away** 取り上げる, 奪い去る
- [ ] **take part in** ～に参加する
- [ ] **tax** 名 税
- [ ] **teen** 名 13から19歳の人
- [ ] **Tennessee** 名 テネシー州《米国南部の州》
- [ ] **tenure** 名 在職 [在任] (期間)
- [ ] **term** 名 《-s》条件, 要求
- [ ] **text** 名 本文, 原本, テキスト, 教科書
- [ ] **-th** 尾 1～3以外の数で終わる奇数に対する序数をつくる
- [ ] **thee** 代 汝を, 汝は
- [ ] **theological** 形 神学 (上) の
- [ ] **theology** 名 神学 systematic theology 組織神学《キリスト教神学の一分野》
- [ ] **thereafter** 副 それ以来, 従って

- [ ] **therefore** 副 したがって, それゆえ, その結果
- [ ] **therein** 副 その中に, その場所に
- [ ] **thereof** 副 それの, それについて.
- [ ] **thirst** 名 (のどの) 渇き, (～に対する) 渇望, 切望
- [ ] **those who** ～する人々
- [ ] **though** 接 ①～にもかかわらず, ～だが ②たとえ～でも even though ～であるけれども, ～にもかかわらず 副 しかし
- [ ] **threat** 名 おどし, 脅迫
- [ ] **threshold** 名 ①敷居 ②出発点 ②閾 (値) ④境界
- [ ] **throw off** 脱ぎ捨てる
- [ ] **thumb** 名 親指 under someone's thumb (人) の言いなりになって
- [ ] **thus** 副 ①このように ②これだけ ③かくて, だから
- [ ] **tied up with** 《be – 》～に縛り付けられている
- [ ] **till** 前 ～まで (ずっと)
- [ ] **time** 熟 from time to time ときどき
- [ ] **'tis** it is の縮約形
- [ ] **together** 熟 call together 呼び集める, 集合する
- [ ] **tolerance** 名 ①我慢, 忍耐 ②寛容, 容認
- [ ] **totally** 副 全体的に, すっかり
- [ ] **trade** 名 取引, 貿易, 商業
- [ ] **tragedy** 名 悲劇, 惨劇
- [ ] **tranquility** 名 平静, 平穏
- [ ] **tranquilize** 動 静かにさせる, 落ち着かせる
- [ ] **tranquilizing drug** 精神安定剤, 鎮静薬
- [ ] **transform** 動 ①変形 [変化] する,

変える ②変換する

- [ ] **transient** 形一時的な, つかの間の
- [ ] **transport** 動輸送[運送]する
- [ ] **treatment** 名取り扱い, 待遇
- [ ] **trial** 名①試み, 試験 ②試練 ③裁判 trials and tribulations 試練と苦難, 艱難辛苦
- [ ] **tribulation** 名苦難, 試練 trials and tribulations 試練と苦難, 艱難辛苦
- [ ] **tried** 動try（裁判にかける）の過去, 過去分詞
- [ ] **troop** 名群れ, 隊
- [ ] **truth** 名①真理, 事実, 本当 ②誠実, 忠実さ
- [ ] **turn back** 後戻りする
- [ ] **tyranny** 名専制政治, 暴政, 残虐
- [ ] **tyrant** 名暴君, 専制君主

U

- [ ] **ultimate** 形最終の, 究極の
- [ ] **unacknowledged** 形認められていない
- [ ] **unalienable** 形不可侵の, 奪うことのできない unalienable right 不可分の権利
- [ ] **uncomfortable** 形心地よくない
- [ ] **under someone's thumb** （人）の言いなりになって
- [ ] **undistinguished** 形区別されない
- [ ] **undocumented immigrant** 移民希望者《illegal alien（不法入国者）の婉曲表現》
- [ ] **unearned** 形未収の
- [ ] **unfit** 形向いていない, 適さない

- [ ] **united** 形団結した, まとまった, 連合した
- [ ] **United States** 名アメリカ合衆国《国名》
- [ ] **university** 名（総合）大学
- [ ] **unless** 接もし～でなければ, ～しなければ
- [ ] **unmindful** 形不注意な
- [ ] **unspeakable** 形口に出せない, 言葉に表せない, 言いようのないほどひどい
- [ ] **unusual** 形普通でない, 珍しい, 見[聞き]慣れない
- [ ] **unwarrantable** 形不当な
- [ ] **unworthy** 形値しない, ふさわしくない
- [ ] **uphold** 動支持する, 擁護する
- [ ] **upon** 前①《場所・接触》～（の上）に ②《日・時》～に ③《関係・従事》～に関して, ～について, ～して 副前へ, 続けて
- [ ] **urgency** 名①緊急性 ②しつこさ
- [ ] **urgent** 形緊急の, 差し迫った
- [ ] **use** 熟make use of ～を利用する
- [ ] **usefulness** 名役に立つこと, 有用性
- [ ] **usual** 形通常の, いつもの, 平常の, 普通の as usual いつものように, 相変わらず
- [ ] **usurpation** 名（権利などの）侵害
- [ ] **utterly** 副まったく, 完全に

V

- [ ] **valley** 名谷, 谷間
- [ ] **valuable** 形貴重な, 価値のある, 役に立つ

A B C D E F G H I J K L M N O P Q R S T U V W X Y Z

- □ **various** 形 変化に富んだ, さまざまの, たくさんの
- □ **vast** 形 広大な, 巨大な, ばく大な
- □ **vault** 名 金庫室, 貴重品保管室
- □ **veteran** 名 ベテラン, 経験豊富な人
- □ **vicious** 形 悪意のある, 意地の悪い, 扱いにくい　vicious circle 悪循環
- □ **victim** 名 犠牲者, 被害者
- □ **Vietnam** 名 ベトナム《国名》
- □ **Vietnam War, the** ベトナム戦争《1954-75》
- □ **violence** 名 ①暴力, 乱暴 ②激しさ　physical violence 肉体的な暴力
- □ **voluntarily** 副 自発的に, 自分の意志で
- □ **vote** 動 投票する, 投票して決める
- □ **voting** 形 投票の　voting rights 投票権

W

- □ **wage** 動 (戦争・闘争などを) 行う　名 賃金, 給料, 応酬
- □ **wallow** 動 もがく, 溺れる
- □ **warfare** 名 戦争, 交戦状態, 戦闘行為
- □ **warn** 動 警告する, 用心させる
- □ **Washington DC** ワシントンD.C.《アメリカ合衆国の首都》
- □ **Washington Post, the** ワシントン・ポスト《新聞》
- □ **well** 熟 as well as ～と同様に
- □ **what ... for** どんな目的で
- □ **whatsoever** 副 いかなる場合でも, 全く, 何にも
- □ **whenever** 接 ①～するときはいつでも, ～するたびに ②いつ～しても

- □ **whereby** 副 ①～するところの, それによって ②どういう手段で, 何について
- □ **wherein** 副 (そこで, その点で) …する (所)
- □ **whereof** 副 それの, それについて, そのうちの
- □ **whirlwind** 名 旋風
- □ **who** 熟 those who ～する人々
- □ **wholesome** 形 健全な, 有益な
- □ **wide** 形 幅の広い, 広範囲の, 幅が～ある
- □ **will have done** ～してしまっているだろう《未来進行形》
- □ **withering** 形 (人の希望などを) しぼませる
- □ **within** 副 中 [内] へ [に], 内部に
- □ **worker** 名 仕事をする人, 労働者
- □ **worst** 名 《the－》最悪の事態 [人・物]
- □ **wrongful** 形 不正な, 不公平な

English Conversational Ability Test
国際英語会話能力検定

● E-CATとは…
英語が話せるようになるための
テストです。インターネット
ベースで、30分であなたの発
話力をチェックします。

www.ecatexam.com

● iTEP®とは…
世界各国の企業、政府機関、アメリカの大学
300校以上が、英語能力判定テストとして採用。
オンラインによる90分のテストで文法、リー
ディング、リスニング、ライティング、スピー
キングの5技能をスコア化。iTEP®は、留学、就
職、海外赴任などに必要な、世界に通用する英
語力を総合的に評価する画期的なテストです。

www.itepexamjapan.com

［増補改訂版］日英対訳
I Have a Dream!

2013年11月4日	初版第1刷発行	
2020年7月9日	第4刷発行	
2024年3月3日	増補改訂版第1刷発行	

著　者　　マーティン・ルーサー・キング・ジュニア

解　説　　山久瀬洋二

発行者　　浦　　晋亮

発行所　　IBCパブリッシング株式会社
　　　　　〒162-0804 東京都新宿区中里町29番3号 菱秀神楽坂ビル
　　　　　Tel. 03-3513-4511　Fax. 03-3513-4512
　　　　　www.ibcpub.co.jp

印刷所　　株式会社シナノパブリッシングプレス

© Yoji Yamakuse 2024
© IBC Publishing, Inc. 2024

Printed in Japan

落丁本・乱丁本は、小社宛にお送りください。送料小社負担にてお取り替えいたします。
本書の無断複写（コピー）は著作権法上での例外を除き禁じられています。

ISBN978-4-7946-0802-4